なぜセオリー通りにやっても成果が出ないのか？

Pitfalls
of Digital Marketing

デジタル
マーケティング
の落とし穴

中澤伸也

フォレスト出版

はじめに

本書は、私が約7年間にわたり続けている、デジタルマーケティング初心者に向けた講座「ＩＦＩ（一般財団法人ファッション産業人材育成機構）デジタルマーケティング講座」での講義内容、インプレスのＷｅｂメディア「Ｗｅｂ担当者Forum」で原作・執筆をしていたＷｅｂマンガ『デジマはつらいよ』(https://webtan.impress.co.jp/l/15658)、そして自分のｎｏｔｅ (https://note.com/shinya_nakazawa/) に投稿した記事の内容の一部を抜粋し、加筆・修正を加えて構成した内容となります。

「デジタルマーケティング初心者向け」とはしていますが、内容的にはデジタル領域だけに閉じず、マーケティング活動全般にかかわる方に向けた内容として書かせていただきました。

マーケティングにおいて「今よりももっと成果を出したい」、そんな成長意欲を持った方であれば、おそらくさまざまなセミナーに参加して成功事例を学んでいるでしょうし、マーケティングメディアに掲載されるノウハウ記事やトレンド情報を日々キャッチアップし、自身のマーケティングスキルを高めるためにたくさんの努力をされていることかと思います。

しかし、学んだことや知識として得たことを、いざ自身のサービスや活動で実践してみても、「なぜかうまくいかない」「成果が出ない」、そんな悩みを持つ方も多いのではないでしょうか?

それはもしかしたら、それらの事例やノウハウの背景にある**「本質的なロジック」**や、もっと深いところにある**「普遍的な原理原則」**を知らないからかもしれません。

これらの本質的なロジックや原則を理解し、それを自在に自身のマーケティングに実践・活用することができれば、皆さんのマーケティング活動はもっと高い確率で成果をあげられるかもしれません。

本書では、私の約25年間にわたるマーケティング現場における実践経験と、長いマーケター人生の中で交流を深めてきた多くの日本のトップマーケターの方たちとの経験の共有をもとに、マーケティングセオリーに対する誤解を**「失敗しやすい落とし穴」**という切り口で、マーケティングの本質的なロジックや原則を中心に解説します。

本書は、まず序章で私自身のバックグラウンドを簡単に紹介した上で、次のような内容で構成されています。

▼第1章　PDCAの落とし穴

この章では日々のマーケティング活動において最も重要なPDCAについて、巷《ちまた》で多く語られているセオリーや定説の背景にある本質、そして誤解されがちな内容について、正しい理解につながる助言を中心に書いています。

▼第2章　Webサイト／アプリ改善の落とし穴

この章ではWebサイトやアプリの改善、グロースハックにおけるセオリーについて、その背景と本質を解説することで、「改善の落とし穴」に陥らないために知っておくべきことを中心に解説しています。

▼第3章　顧客目線の落とし穴

マーケティングの世界ではよく「顧客目線」や「顧客視点」という言葉が使われます。ただここで語られる「顧客」とはいったい誰のことを指すのでしょうか？　この章では**「真の顧客目線とは何か？」**をテーマに、LTVを向上させるために本質的に取り組むべきことについて解説しています。

▼第4章　マーケターの育成・成長の落とし穴

この書籍を手に取ってくださった皆さまは、おそらく「今よりも成長したい」と強く思うマーケターの方々、または「自分の部下を成長させるにはどうすればよいか」と悩むマネージャーの方々が多いのではないかと思います。この章では、私が考える、テクニックや専門能力を向上させる前に、マーケターが共通で身につけておくべき「ベース・スキル」を中心に、成長の落とし穴にハマらない方法を説明させていただきます。

最後に、この書籍の内容のほとんどは「日々、意識して実践しなければ、何の役にも立たない」知識となっています。実践の中で繰り返し利用し「筋トレ」して初めて意味のある書籍となっていますので、ぜひ、**「いつでも振り返ることができる虎の巻」**として、会社のお席に置いていただき、気になったときに手を取っていただけるような使い方をしていただけますと、大変うれしいです。

CONTENTS

はじめに 1

序章 本書におけるマーケティングの定義

マーケティングへの目覚め 12
データ分析への目覚め 14
戦略MDの実践 18
その後の活動 22

第1章 PDCAの落とし穴

PDCAは質ではなく量である 28
一発勝負ならベテランも新人も同じ 28
成功確率を確実に上げる方法 32
ベテランはなぜ初心者より速く成果を出せるのか？ 34

第2章

Webサイト／アプリ改善の落とし穴

ABテストは顧客との対話 39
顧客と対話できないデジタルという足かせ 40
ABテストの本質は、顧客との対話を通じた顧客理解 42
顧客理解を行なうためのABテストのお作法 44

データは顧客を語らない 53
データは結果であり、理由を語ってくれない 54
顧客の行動理由を知る 56
アンケート分析の落とし穴 58
アンケート分析の落とし穴を回避するために 62

PDCAは環境変化に弱い 65
戦略の失敗は戦術では取り戻せない 66
PDCAの弱点 68
ツインループPDCA 70
▼航空戦から生まれたフレームワーク「OODAループ」

「バケツの穴を塞ぐ（ファネルは後ろから改善）」の本当の意味 76
ファネルの後ろから改善すべき本当の理由 77
フレームワークやセオリーの裏にある本質理解の大事さ 80
買う気のない人に、その場で買わせることはできない 83
顧客の検討段階に合わせたコミュニケーションを行なう 86
顧客に行動してほしいなら、まず行動すべき理由を提示する 92
「One to One施策」をおろそかにしてはいけない 92
正しい「カート落ちリマインド施策」とは？ 96
▼行動すべき理由のないカートリマインド
▼行動すべき理由を付与したカートリマインド
商品イベント起点One to Oneアプローチ 100
不快な売り場で顧客は買わない 102
快適な売り場を作るための4つの必要条件 103
▼①売り場の衛生要件が整っている
▼②多くの商品やサービスと接触・比較検討しやすい

▼③商品やサービスの「価値」が正しく伝わっている
▼④不安と疑問を「先回りして解消」できている
快適な売り場の4つの必要条件をECサイトで考えてみる 108
▼①売り場の衛生要件が整っている
▼②多くの商品やサービスと接触・比較検討しやすい
▼③商品やサービスの「価値」が正しく伝わっている
▼④不安と疑問を「先回りして解消」できている

すべてのユーザーに影響を与える、Webサイトの表示速度 114
Webサイトの表示速度改善の圧倒的な効果 118
Webサイトの表示速度改善にどのように取り組むか？ 122

第3章
顧客目線の落とし穴

あなたのいう「顧客」とは誰か？ 126
顧客定義を考えるきっかけとなったエピソード 127
顧客との関係値によって正義は変わる 132

顧客の目は何を見ているのか？　138

お客様の目線の先にあるもの　138
顧客商品戦略、LTVは商品（品揃え）に左右される　141
戦略商品カテゴリーをマーケティング施策に利用する　146

顧客のインサイト（Insight）に働きかける　149

「ニーズを捉える」の落とし穴　150
状況ターゲティング　153

第4章 マーケターの育成・成長の落とし穴

本質を自分の頭で理解する能力を高める　160

ベース・スキルとは何か？　161

第1層　体幹を鍛える　165

①Integrity（インテグリティ）　165
▼マーケターは常にインテグリティを試されている
②無知の知　173
▼「常にフレッシュな自分」であることを心がける

③ FACTFULNESS（ファクトフルネス） 177
▼「業界の常識」を疑うことでイノベーションを起こした事例

第2層 コア・スキルを鍛える 186

正しい問いを立てる 186
インパクトと容易性 188
真因遡及 191
▼真因遡及を阻む3つの敵
▼真因遡及のやり方
▼【ステップ①】垂直方向の要因分解
▼【ステップ②～③】全情報を俯瞰・分析する
▼【ステップ④】水平方向の共通因子の特定

最後に…… 212

ブックデザイン bookwall
本文DTP制作 近藤真史
本文図版制作 細田あきね
編集＆プロデュース 貝瀬裕一（株式会社MXエンジニアリング）

序章

本書におけるマーケティングの定義

私は、本書を執筆している２０２４年11月現在「Ｒｅｐｒｏ株式会社」という、マーケティング支援ソリューション提供企業で取締役を務めています。とは言え、ビジネスパーソンとしてのほとんどの時間は、事業会社のマーケターとしてすごしてきました。

本書の内容は、あくまでも私個人の経験をベースにしたものであり、アカデミックな理論や、フィールドワークで広範なデータをもとに統計的手法などを用いて導き出されたような結論ではありません。よって、まずは私自身のバックグラウンドについて知っていただく必要があると思っています、そこで少し紙面をいただき、私のこれまでのマーケティングとのかかわりと今現在の取り組みについてお話しさせていただきます。

マーケティングへの目覚め

私のビジネスとのかかわりは、家電量販店ソフマップでの店頭アルバイト経験（フリーター）から始まりました。今から30年以上前になりますので、１９９０年頃でしょうか。アルバイトとして5年ほど店舗接客を続け、そのまま社員となり、やがて店長（正確には「フロア長」といいます）となったのですが、およそ7年間にわたって店舗作りと接客に明け暮れていました。

ありがたいことに、店員として、また店長として、社内でも高い成績を常におさめることができ、8年目に、小売業では最も花形部門といわれる「MD（マーチャンダイザー）」に抜擢していただけました。

実は店舗で常に高い成績をおさめられたことには、ある秘訣がありました。それは次の3つのことを常に実践していたからです。誰に言われたわけでもなく、いつの間にか自分の習慣になっていたものでした。

- **お客様の行動を観察し、接客時に得られた情報をもとに、常に顧客を自分なりに「分類（セグメント）」していた**
- **セグメントごとに、自分なりの会話を「テンプレート化し検証し改良」し続けていた**
- **店内レイアウトやPOPなどの訴求文言、商品の陳列の仕方を、お客様全体の流れや目線の行き先、商品を手に取るかどうかを、「頭の中でデータ化し1日に数回以上変更を行なって超高速に検証・改良」していた**

人間の感覚（センサー）というのはすごいもので、何年も毎日こんなことを続けていると、数年後にはお客様が入店されて5秒ほどの観察で、おおよそ、そのお客様のタイプを正確に分類できるようになりました。その当時はデータマイニングなどという言葉を知らなかったわけですが、今ではその当時を思い出し、かつて自分が行なっていたことを**「脳内データマイニング」**と呼んでいます。

また、お客様との会話（コミュニケーション）をテンプレート化し、店内ＰＯＰや陳列を１日に何回も変更して、その効果を検証した行為も、今となっては、デジタルマーケティングでいうところの「ＡＢテスト」を高速に繰り返すＰＤＣＡサイクルを回していたのだと思います。

データ分析への目覚め

８年目に花形部門である「ＭＤ（マーチャンダイザー）」に抜擢されたわけですが、実はここで大きな壁にぶつかります。このことをお話しするには、まずは家電量販店におけるＭＤがどのような仕事をするのかを説明する必要があります。

ソフマップにおけるＭＤのミッションは、担当する商品カテゴリーの会社全体の収益性最大化です。店舗がさまざまな商品カテゴリー全体を合わせた個々の店舗全体の収益最大化をミッションとするのに対して、商品カテゴリーという横串で、全店舗合計の収益最大化を担うという役割になります。

やや専門的になりますが、ここでいう収益とは「キャッシュフローの最大化」であり、具体的な指標としては「粗利高(売上から仕入れ原価を引いたもの)」という量的面の指標と、「GMROI（商品投下資本粗利益率（Gross Margin Return on Inventory Investment)：どれだけ仕入れた商品を速く現金化でき、かつ、売れ残りなどを減らせるか)」という効率面の指標の2つを責任として負い、この2つの指標を改善するためには次の条件を満たすことが求められます。

・できるだけ良い条件(安い仕入れ価格)でメーカーから商品を仕入れられること
・できるだけ高い粗利(なるべく値引きしないで)で商品が売れること
・仕入れた商品がすぐに売れること(つまり、早く現金化できること)
・不稼働商品(売れ残り)や赤字販売がなるべく発生しないこと
・機会損失を発生させないこと(お客様が欲しい商品の欠品をなくすこと)

当時ソフマップには40店舗近いお店があり、40の売り場を横断してこれらを実現することは、実は想像以上に難しい取り組みになります。なぜならば、先に挙げた4つの条件は、ある意味でどれも「二律背反」する内容となっているためです。

販売量を増やすには価格を下げたほうが売りやすいのですが、そうすると粗利が下がってしまいます。また、機会損失（欠品）を発生させないためには、できるだけ多く仕入れて安心したいのですが、そうすると不稼働（売れ残り）が発生してしまいます。

そして最大の課題が、MDは毎日店舗にいるわけではありませんし、かつ地方に分散する形で40もの売り場が点在するために「直接、売り場やお客様を観察できない」、つまりは店舗スタッフだったときに当たり前に行なえた「お客様の観察を通じた分析やPDCA」が行なえないという点です。

これまで店舗において「お客様の行動観察とPDCA」に頼ってきた自分としては、これが最大の壁になりました。お客様がどの商品に関心があり、どのような訴求をすればよく、何をすれば売れて、何が本当に機会損失を生んでいるのかが、さっぱりわからなくなってしまったのです。

正直、MDになって最初の3カ月は何をどうしていいかわからず、相当悩み落ち込みました。そこで先輩のＭＤたちの行なっている活動を見たり、直接アドバイスもいただいた上で最終的に至った結論が、**「データを用いて擬似的にお客様を観察する」**という手法でした。

実はかなり早い段階で、ＰＯＳ（店舗のレジ端末）から得られたデータで、商品別の販売動向や粗利率、回転率（仕入れた商品がどのくらいの期間で売れたか）、不稼働在庫などを把握する手法についてはは身につけていたのですが、これらのデータはあくまでも**「結果データ」**であり、「なぜその商品が売れたのか？　または売れないのか？」や、「お客様が欲しいと思っていたけれど欠品していた商品は何か？」などの**「理由につながるデータ」**は把握ができません。

自分が店舗で行なっていた「ＰＤＣＡ」を実現するためには、結果データ以上に、この理由につながるデータの取得が必要でした。そこで取り組んだのが、お手製のプロノグラム（棚割りシステム）の構築と、店舗スタッフから定期的に欠品情報を吸い上げるプロセスの構築、そして訴求のＰＤＣＡを擬似的に回すための「商品訴求ＰＯＰの全店統一化」でした。

ＰＤＣＡを行なうためには、40軒ある個々のお店が「バラバラの売り方」をしていたのでは実現できません。共通となるテンプレートを構築し、そのテンプレートに基づいて全店舗が同じ活動を行なうことで初めて検証が可能となります。

また、このテンプレートに基づいた活動を全店で行なうとすれば、本社から近い一店舗だけを、高頻度で「視察（目で見る）」し、お客様の行動を観察することができれば、顧客行動に基づいた仮説立案と検証が可能です。

仮説に基づき、棚割りをテンプレート化し、商品訴求ＰＯＰを作成し、欠品理由を収集し、データとして蓄積。そして全店舗同時に共通のＰＤＣＡを回すことによって検証。検証データを蓄積し、さらに仮説を立てて実行。このサイクルを回せる状態を構築することで、すべての店舗で実際にお客様を観察しなくても、擬似的にデータからお客様のニーズを想像し分析することが可能となりました。

また、データ分析能力を手に入れたことによって、これまで見えていなかった2つの大きな前進がＭＤにおいて行なえました。それが、**店舗セグメント別戦略**と、**カテゴリーマネジメントの一部導入**、つまりは「戦略ＭＤ」の実践です。

戦略ＭＤの実践

結果データと理由データを分析していく中である日、商品の売れ行きや訴求の刺さりやすさなどに店舗ごとの傾向があることに気づきました。正確には個々の店舗というよりも、いくつかの店舗群が似た傾向にあることが観測されたのです。そこで実際に全国の店舗を回り現場視察と店員からのヒアリングを行なった結果、それらの店舗群では競合状況と顧客タイプに同様の傾向があることがわかりました。

これらの情報を加味しデータを分析することで、顧客群を想定した訴求と価格設定を行なえるようになり、店舗セグメントごとの戦略的なＭＤが行なえるようになりました。

そしてもう1つの大きな前進がカテゴリーマネジメントの一部導入です。カテゴリーマネジメントとは、私の理解で説明すると、自社が扱う商品は、カテゴリーごとに（場合によっては商品ごとに）、競合との相対的関係と、顧客にとっての必要と感じる場面や購買動機と行動が異なることを前提に、商品カテゴリーごとに顧客戦略上の意味合いを持たせ、**「顧客戦略として品揃えや価格をコントロールしていく」**という考え方です。

わかりやすい事例としてドラッグストアにおける**「卵と牛乳（スーパーより安値に設定されていることが多い）」の戦略**が挙げられます。現在、ドラッグストアは薬局というよりは、すでにディスカウントストア化しており、その最大の競合は、スーパーマーケットであり、コンビニエンスストアと化しています。このドメインにおいて最も重要な戦いは、日常（毎日や毎週）のお買い物行動で、**どれだけ「習慣的に自店舗に足を運んでもらうか」**です。

おそらく皆さんの多くは、1週間の生活に必要なすべてのものを揃えようと思えば、車で大型スーパーに買い出しに行くと思います。しかし、子どものいる家庭であれば、牛乳や卵は1週間ももたず、子どものお迎えの帰りや会社帰りに、ちょこちょこと買いに行かれるのではないでしょうか？

卵や牛乳を購入するときに、特別なこだわりのない方であれば、おそらく「価格」が最重要な要素になると思います。そして、会社の帰りに日常的に使うちょっとした物を購入する際に、わざわざ何店舗も回ることは稀でしょう。よって、「卵や牛乳を買うときに、あれもこれも」といった感じで、実際には卵や牛乳以外も買って帰るのが実際の行動かと思います。よって、消費者の「卵と牛乳を買うときにはこのお店」という「指名店舗」のポジションを占めることができれば、「日常使いのモノを買いに行くいつものお店」として顧客との接触機会も増え、ＬＴＶ増加の最重要要素を獲得することになります。

つまり、「卵と牛乳」は「LTV向上を目的とした、顧客習慣化のための戦略商品カテゴリー」といえるわけです。

この商品カテゴリーにおいては、「広告宣伝費」や「ポイント値引き」と同じ「マーケティング投資」と割り切って、戦略的な価格（値引率）を設定し、地域競合より必ず「安い」という状態を維持することで、顧客の習慣的なリピートを確保し、ほかの商品をクロスセル（併売）することで、全体利益とLTV向上を目指すという戦略が成立します。

戦略商品カテゴリーにはこのほかにもさまざまな目的に応じたカテゴリーがありますが、重要なのは、商品カテゴリーをテレビ、洗濯機、PC関連機器、といった機能・用途分類で捉えるのではなく、**「顧客戦略の観点で捉え、品揃えや価格戦略を考える」**という視点になります。

実際に、あるドラッグストアチェーンは、地域内で「卵と牛乳」を最安値に設定しており、同一エリア内のスーパーからの顧客を奪うことに成功しています。

ソフマップにおいて私は、この卵と牛乳にあたる商品を、消耗品である「ケーブル」や「電池」と位置づけていました。またそのほかの商品群についても、競合との差別化を行ない自社の特色を顧客に印象づける「ディスティネーションカテゴリー」として設定し、あえて、商品回転率は犠牲にし、多少の不稼働（売れ残り）が出ることは覚悟の上で、品揃えの幅と深さを地域競合で最も豊富にし、「このカテゴリーの商品を買うならあそこだよな」という専門店のポジションを確立するなど、戦略的に全体の品揃えを構築し、データによって、各カテゴリーがその役割を正しく果たしているかを検証するPDCAサイクルを回していました。

これらの取り組みのかいもあって、幸いなことに、MD就任から2年目にして、最優秀MDとして表彰されることとなりました。

その後の活動

その後、2000年頃にソフマップがPwC（プライスウォーターハウスクーパース：世界四大コンサルの1つ）と戦略提携し、**世界で初となる「OMO型のEC」**を立ち上げるという、超野心的なプロジェクトのコアメンバーに抜擢されます。

そしてこのプロジェクトは、当時EC専業であったアマゾンを「G3モデル（小売り業態の第三世代モデル）」と位置づけ、それに対し、自らを「OMO（当時は「クリック&モルタル」と呼ばれていました）」（※）という、第四世代のモデルとし、「G4プロジェクト」と呼んでいました。

※OMO（Online Merges with Offline）……オンライン（EC）とオフライン（リアル店舗）を融合させるマーケティング手法。

このプロジェクトにおける私の主なミッションは次の2つでした。

1つは「サイト全体のUI／UXの設計」で、もう1つがOMOのコアとなる「OMOを体現する、One to One サービスの発明と実現」でした。（当時、まだそういうサービスを実現した企業が世界的になかったのです。）

そして約2年後の「2001年の後半」に、新ソフマップ・ドットコムは誕生し、おそらく**日本で初めて「リアルの会員カードと、ECの会員データを連携」**し、今でいうCDP（※）を構築しました。

※CDP（Customer Data Platform）……マーケティングに活用できる顧客データを効率的に収集・統合・分析するシステム。

そして、それを基盤として、**日本初（世界初？）となる「OMO型のOne to One 顧客サービス」**を立ち上げ、日経ECグランプリの大賞を獲得しました。このときのサービスが**「持ち物帳」**というサービスで、リアル／ネット購入を問わず、ソフマップで購入した商品であれば、自動的に持ち物帳に登録され（店舗では会員カードの提示が必要）、ソフマップ以外で購入した商品も、商品JANコードを入力すれば、ソフマップで取り扱いのある商品であれば登録できる仕組みであり、その最新の買取り価格が自動更新され、マイページに表示されます。そして、指定した買取り金額を下回ると、自動的にOne to One メールを送り、売り時をお知らせするというサービスなのですが、何と、いまだに（2024年時点）、ソフマップのサービスとして使われていました。
(https://www.sofmap.com/contents/?id=info&sid=rakuuru_mochimono)

新ソフマップ・ドットコム自体は、2002年に、当時の日本のEC売上のレコードとなる「86億円」を達成したのですが、残念ながら私が発明・開発した「持ち物帳」自体は、それほど売上に貢献できませんでした。時代が20年ほど早すぎましたね。

その後、私はGDO（ゴルフダイジェスト・オンライン）でCMOとして8年、IDOM（中古車のガリバー）でもマーケティング責任者として5年と、マーケティングの実務者として、また責任者として活動し、現在はRepro株式会社の取締役として、事業開発責任者として、お客様のマーケティング戦略支援を行なっています。

本当はデジタルマーケティングという文脈で言えば、このソフマップのときのEC立ち上げの話、そしてGDOにおける活動や、2年がかりで行なった基幹システムも含むサイトリニューアルの話などが非常に面白いのですが、紙幅の都合もあり、ここでは割愛させていただきます。機会がありましたら、どこかでお話ししたり、または別の書籍などに書きたいと思います。

ではなぜ、店舗の話やＭＤの話を中心に自分の「これまで」をお話ししたのかと言えば、それは、今の自分のデジタルマーケティングのスキルや考え方のほとんどは、この**「リアルでの経験」がもとになっている**からです。そしていまだに思うのが、25年たった今でも、店舗勤務のときに行なえていたマーケティングが、デジタルではその半分もできていないということです。

このあと、いよいよ本題に入っていくわけですが、今回の書籍で書かれる多くの部分は、この店舗やＭＤでの経験をデジタルマーケティングで実際に行なった場合にどうなるのか、という実践と検証を繰り返してきた結論で構成されています。**デジタルの最大の制約はリアルと異なり「実際にお客様の行動を見ることも話を聞くこともできない」という点にあります。**そのような中で、どのようにしてお客様を理解し対峙していけばよいのか、自身の実践に基づく経験をベースにまとめました。

前置きがかなり長くなりましたが、いよいよ本題に入りたいと思います。

第1章

PDCAの落とし穴

ＰＤＣＡは質ではなく量である

「ＰＤＣＡとは何か」についてはすでに皆さんもご存じでしょうし、日々の中で実践されていることかと思います。ＰＤＣＡ自体は広い概念の言葉ではありますが、ここではわかりやすく、広告バナーのデザイン、キャンペーンの企画、ＷｅｂサイトのＵＩ／ＵＸ改善、メルマガの題名や内容など、日々のマーケティング施策に関するＰＤＣＡを対象にお話しできればと思います。

一発勝負ならベテランも新人も同じ

かつてＧＤＯ（ゴルフダイジェスト・オンライン）のＣＭＯを務めていたときに、既存顧客のリピート購入をうながす販促キャンペーンを実施することとなり、企画内容がある程度固まった段階で、キャンペーン名称と訴求文言、そしてキャンペーンページのトンマナ（トーン&マナー）をどうするかで、メンバーと議論になりました。議論に参加したのは企画担当の正社員と、キャンペーンページのデザイン制作をしてくれているアルバイト、そしてCMOである私の3人です。

それぞれの意見が真っ向から対立し、意見の集約が無理そうになったときにデザイン制作のアルバイトスタッフが、「だったら、3つ分のページと誘導バナーを作りますよ。それでABCテストして、誰が一番、キャンペーン応募のコンバージョンが高いか勝負しません？」と提案してきたのです。

本来であれば、3つもページを作るのは大変な手間ですし、何よりも、実は心の中で「明らかに自分の企画が最も質が高いな」と思っていたこともあり、一瞬ダメ出しをしようかと思ったのですが、「こういうのも、企画担当者も含め、良い経験になるかな。あとで、なぜ自分の企画に勝てなかったかを説明してあげることで、この人たちのスキル向上にもつながるし」などと思い、勝負することにしました（今思えば、すごい思い上がりをしていたわけですが……）。

自分の企画に自信があったのには理由がありまして、実はキャンペーン立案の指示を企画担当者に行なう前に、自分なりに少し時間をかけて、顧客データや直近のキャンペーンに対する顧客反応からすでにある程度の結論と確信を持っていたのです（2人には言わなかったのですが）。

さて、いよいよ「キャンペーン応募コンバージョン勝負」が開催されることとなりました。その頃には企画担当者やアルバイトスタッフから今回の勝負のことがすっかりマーケティング部全体に知れ渡っており、ちょっとしたお祭り状態となっていまして、なぜか優勝者には私のポケットマネーで何がしかを賞品としてプレゼントするという約束もさせられる始末で、部門全体でその結果をワクワクしながら見守るという流れに。

果たして結果は……。

優勝者は何と「デザイン制作のアルバイトの女性（23歳）」でした。2位は企画担当者。そして生えある最下位は、はい、私でした。

すっかり一大イベントとなっていたために、マーケティング部門でとんだ赤恥をかくこととなったわけですが、何よりも自分にとってショックだったのは、事前にしっかり分析を行ない、論理的に仮説を立て、ほかの2人よりも明らかに質の高いプランを立てていたにもかかわらず、自分が最下位になったことです（しかも、けっこうな差で……）。

この事例から何が言いたいかといいますと、マーケティングにおいてはほとんどの場合において、**企画や施策が当たるかどうかは「確率論」**だということです。どんなに優れた顧客洞察力や経験値を持ったマーケターであっても、100％の顧客理解などできるわけがなく、顧客行動をうながす施策ともなれば、成功するかどうかの確率など、常にフィフティー・フィフティーです。もちろん、経験値や時間をかけた事前分析がムダとは言いません。ただしそれは、成功確率をわずかに上昇させるだけのものであり（たとえば、50％が60％になるといった程度）、一発勝負であれば、成功確率は、経験値の低いアルバイトスタッフであってもほとんど変わらないわけです。

仮に、アルバイトスタッフの成功確率が50％、企画担当者の成功確率が60％、経験豊富な私の成功確率が70％であったとしても、たった1回の勝負においては、当然、私が最下位になる可能性も確率的にはあるわけです。

ただ確率が一定であると仮定すれば、同じような勝負を数十回、100回と行なえば、その勝率は、50%、60%、70%と実力にかなり近づいていくことでしょう。

成功確率を確実に上げる方法

突然ですが、皆さんに質問します。

サイコロで6の目を確実に3回出すにはどうすればいいでしょうか？

方法は2つあります。1つ目の方法は「サイコロを18回以上振る」ことです。そしてもう1つの方法は「6個のサイコロを同時に3回以上振る」ことです。当たり前のことを書いていますが、私はこれこそ「PDCAの極意」だと考えます。ある目的に対する施策の成功確率が6分の1だとすれば、確率論的に言えば、6回異なる施策をトライするか、6個の異なる施策を同時に実施すれば、1つの施策は必ず成功するはずです。そして、成功した施策を勝ちパターンとして、さらに新たな施策を5個実施すれば、そこでもまた1つの施策は成功し、それが最初の施策を上回ることができれば施策成果はさらに上昇します。これを何度も繰り返していけば、確率論的に施策成果は向上していくはずです（※）。

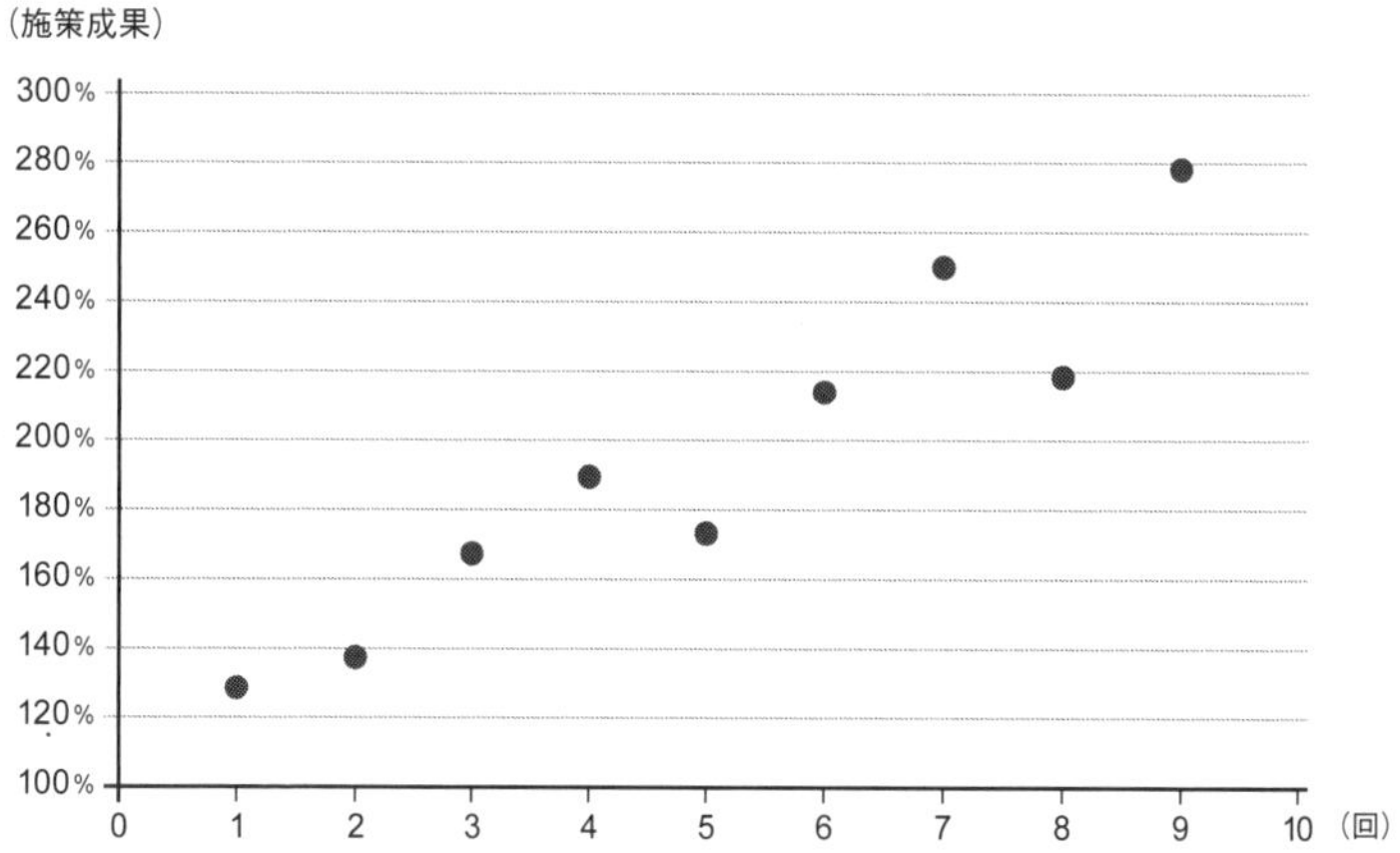

図 1-1

※確率論的には、正確にはサイコロを1000回、1万回と振らなければ、確率通りの結果とはなりませんが、当たり前のことなので、ここでは比喩的に解説していると理解してください。

もちろんサイコロと異なり、施策の成否とその理由は検証することになりますから、新たに立案された施策の成功確率は前回よりも少し上回っているはずです(経験曲線効果)。よって回数を繰り返すほど、成功確率自体が上がっていきます(図1－1)。

つまり、施策の成功確率を上げるためには、**「PDCAの質よりも量が重要」**なのです。

ベテランはなぜ初心者より速く成果を出せるのか？

ビジネスの現場において施策の成果を評価する場合には、**「時間＝期間」という制約**が重要になります。ある決められた期間の中でどれだけ売上を伸ばせたか、成果をあげられたか、成果は常に時間とともに語られます。

ここまでお話ししてきた通り、施策の成果はＰＤＣＡの量によって決まります。つまり、ベテランも初心者も同じ回数のＰＤＣＡを回せば成果は近いものになってくるはずです。ただし、ここで大きな壁が登場します。それが「時間」です。

限られた期間の中で（たとえば3カ月など）、どれほど早く大量にＰＤＣＡを回せるか。**大量の仮説を立案し、そして成功確率を上げるために、前回の実施内容を検証し、その経験を次につなげる一連のサイクルを高速に回せなければ、成功確率を積み上げていくことはできません。ここで「経験値とスキルの差」が現れます。**

大量の仮説を生み出すためには「仮説の引き出し」をどれほど多く持っているかが鍵にな

り、成功確率を積み上げていくには、検証から素早く意味のある示唆を引き出すことが求められます、これらは多分に経験値に依存する部分が多く、これまでどれほど多くの施策を行なってきたか、PDCAを回してきたか——その経験の蓄積の差が量とスピードにつながります。

そして「仮説の引き出し」を多く持っていることが重要であるもう1つの理由が、**「検証の振り幅の維持」**の前提条件が、この仮説の引き出しの量に依存する点です。

PDCAの量を回していく中で、仮説の引き出しが乏しいと、検証の振り幅が回数を重ねるに従って縮小していきます。

具体的には、最も大きい振り幅である「訴求軸」の検証から、ボタンの配置や、文言の修正など、ディティールのPDCAに収斂《しゅうれん》されていってしまい、検証の振り幅が狭くなっていってしまう現象が起こります。

この結果、成果やABテストの比較数値に影響を与える度合いも少なくなっていき、「次に何を検証すればよいのか」を発想するのが難しくなり、いわゆる「ネタ切れ」の状態が早く訪れてしまうために、結果的に「一定期間における検証数＝量」が稼げなくなっていきます。

逆に仮説の引き出しが豊富な場合、「検証の振り幅を維持」することが可能となりPDCAの量を稼げるだけでなく、最終的な改善幅の向上もはかれることになります。

もちろん、どこかでは必ず「仮説の枯渇」、言い換えれば「ネタ切れ」が起きるわけですが、そうなるまでの時間をいかに稼げるかという点で、仮説の引き出しのストック量の豊富さが重要になるわけです。

たとえば、ここに次のような特徴のある「男性用のデオドラントスプレー」があったとします。

〈特徴〉
- 業界初の白銀イオンを用いた特許技術
- 当社従来製品比で、臭い抑制2倍の効果
- 価格は同様の競合他社製品よりも1・5倍高額

この商品の「バナー広告」を作成し、広告ＲＯＩ（Return on Investment：投資収益率）の最大化を３カ月間で実現するようなケースです。

新人もベテランもスタートは、「白銀イオンの特許技術で臭い抑制2倍効果」を軸にした訴求でバナーを複数作成し、ABテストを開始したとします。ここからPDCAを繰り返し、ROIを向上していくわけですが、両者ともに最初の1カ月は、訴求軸自体は変えず、主に訴求文言の修正や、クリエイティブの変更を繰り返していったとします。

1カ月後、スタート時よりも「CTR（Click Through Rate：クリック率）」は良くなり、クリック数は確かに伸びたものの、「CVR（Conversion Rate：コンバージョン率）」はあまり伸びず、ほかの製品のバナー広告よりもCVRが低い水準であったことが確認されたとします。ここから新人とベテランとでアプローチの違いが出てきます。

新人は、より製品特性である「特許技術」の露出を大きくする、より刺激的なクリエイティブの作成など、主に文言やクリエイティブ面のPDCAを繰り返していくものの、なかなか数値成果は改善せず、徐々にアイデアも尽きてきて、改善のスピードも落ちていき、3カ月後も、1カ月後とあまり変わらない成果に落ち着いたとします。

対してベテランは、「CTRが高いにもかかわらずCVRが低いのはなぜか？」という点に着目し、自身の仮説の引き出しから「このようなケースの場合には、製品価値は魅力的であるものの、従来よりも1・5倍高い価格が、最後の購入意思決定を踏みとどまらせているのでは？」と仮説を立てます。

そこで、訴求軸を見直し「1・5倍という価格の正当性」を訴える方向のバナーを作成し、既存バナーとの比較を繰り返していき、最終的に「価格1・5倍なのに効果は2倍！」や、「ワンランク上の効果を手に入れる」などのバナーを生み出し、1カ月目に比べて3カ月目には、2倍以上の成果を上げることになります。

この事例はあくまでも仮の事例とはなりますが、「経験値の差にともなう、引き出しの差」が、時間軸の中でどのような差を生んでいくかのイメージをつかんでいただければ幸いです。

マーケティングの成果を決めるのは「センス」ではありません。誰でも正しい方法を学び、量をこなせば成果を出せるようになるのがマーケティングです。ぜひ皆さんも1回の施策の成否に一喜一憂することなく、PDCAをいかに高速かつ大量に回せるかを目指して、日々の業務に取り組まれることをおすすめします。

ＡＢテストは顧客との対話

先のＰＤＣＡの話でも触れましたが、特にデジタルマーケティングにおいてはＰＤＣＡの基本はＡＢテスト（またはＡＢＣＤテスト）の繰り返しとなります。皆さんはＡＢテストの本質は何であると捉えていますでしょうか？

もしかして、ＡＢテストは施策やクリエイティブの「勝ち負け」を判定する手段であると捉えていないでしょうか？　これは決して間違いとは言えませんが、ＡＢテストの本質ではないと私は考えています。なぜなら、単に勝ち負けを判断しただけでは、次の改善につなげることができないからです。「なぜＡはＢに勝てたのか？」という**勝敗理由を推察できる情報**が得られなければ、ＡＢテストを本当に意義のあるものとして使うことはできないのです。

顧客と対話できないデジタルという足かせ

序章でも触れましたが、私自身のマーケティングの基礎はリアル店舗における顧客との触れ合いがベースとなっています。そしてデジタルの世界に身を置いたときに痛感したことが**「デジタルではお客様と直接対話できない」**という事実です。リアル店舗では顧客に聞けば一発でわかる顧客の抱える課題や興味・関心が、デジタルではまったくわからない。このことに当初はずいぶんと戸惑ったものです。

店舗では多くのお客様と接する中で、「そうか、この商品群についてお客様はこういうポイントを重視しているのか」とか、「自社がアピールしたい新サービスが、全然お客様に理解されていない」といったことにすぐに気づくことができ、その理解をもとにして、店頭の商品ＰＯＰの訴求文言を変更したり、新サービスの紹介文章を変更したりといったことを常に行なってきました。

しかしリアル店舗と異なり、あらゆる顧客の行動データを取得でき、大量の顧客データをさまざまな手法で解析できるはずのデジタル環境でも、この「本当に必要とする情報」を得ることがなかなかできないのです。
その理由は**デジタルで得られるデータは「結果のデータ」であり、その結果のもととなった「理由」のデータを与えてくれない**からです。

何かお困りになっているお客様に対して店頭であれば対話を行なうことで、困りごとの内容も、なぜ困ったかの理由も聞き出すことができます。どの商品を買おうか検討しているお客様であれば対話によって、検討にあたって何が判断材料となるのか、その重視しているポイントを聞くこともでき、適切なアドバイスも可能です。そして多くの場合、お客様が困っている事柄や、商品検討にあたって重視しているポイントは、同じことが多いものです（もちろん「全員が」ではなく、最大公約数として）。

ちょっとイメージしていただきたいのですが、皆さんが真冬に体を温めようと、「ホットコーヒーを飲もうかな」と思ったとき、近くに自動販売機があったとします。そのとき自動販売機にコーヒーがあったのはよいが「ホット／コールド」の記載がなく、ただ「コーヒー」としか表記されていなかったらどうしますか？　おそらく、ほとんどの方は冷たいコーヒーが出てくるかもしれないリスクを避けて、別の場所にある「ホット」と記載されている自動販売機で買うのではないでしょうか。

これが店内であれば、お客様から「これはホットですか？」と聞かれることで、「あっ、ホットの表記をし忘れていた！」と気づくことができ、そのあとの機会損失を防ぐことができるでしょう。しかし、自動販売機から得られる売上データからでは、その機会損失に気づくことは永遠にないでしょう。

ECサイトはある意味、究極の自動販売機です。この飲料自販機の例は極端としても、ECサイトが基本的には自動販売機である以上、同じことが起こりますし、すでに起こっているはずです。こうしたことがデジタルの制約だと私は考えていますが、では、どのようにすれば、デジタルにおいて顧客との対話を実現することが可能なのでしょうか？

ABテストの本質は、顧客との対話を通じた顧客理解

ABテストとは、簡単に言ってしまえば「AとBのどちらがよろしいですか？」とお客様

に質問しているのと同じ行為です。店頭で言えば、店員が「A商品とB商品、どちらがお好みですか？」とお客様と対話しているのと同じことです。また別の見方をすれば、「AかBのいずれかを選択してください」とアンケートを行なっているのとも同じと言えます。

仮に「対話」と位置づけると、一問一答の「クローズドクエスション」型の対話と位置づけられるわけですが、そもそも顧客に対するアンケートや、店頭での一問一答の対話とは何を目的とした行為でしょうか？

それは「顧客理解」を目的とした行為にほかなりません。お客様のニーズを理解したいからこそ質問をしているわけです。すなわち**「ABテストとは、対話を通じて、顧客を理解するために行なうマーケティング行為である」**というのが、私の考えるABテストの本質です。

この本質を理解せずに行なうABテストは、PDCAを繰り返すことによる成功確率の向上に、あまり役に立たないのではないでしょうか？　これこそ「ABテストの落とし穴」ではないかと思うのです。

長年の経験から私は、ABテストを成功させるには2つのルールがあると考えています。このルールは「ABテストは対話を通じた顧客理解の道具」という前提からきています。つまり、顧客理解を深めるという前提に立つ場合には、ABテストのやり方にも一定のお作法があるということです。

顧客理解を行なうためのABテストのお作法

まず、第一のお作法が**「ABテストを行なう場合には、施策を構成する要素の1つずつに絞って行なっていく」**ということです。具体的にイメージしていただくために、ここでは「サイト内のキャンペーン訴求バナー」を事例に説明します。

バナーの構成は次の3つの前提条件と4つの構成要素で成り立っています。

〈前提条件〉

- KGI・KPI（そのバナーの果たす役割と目的を定量的に表した指標）
- ターゲット（そのバナーの訴求対象者）
- 訴求物（バナーで訴求したいモノ・コト）

〈構成要素〉

・接触チャネル（どのページや媒体で）
・接触タイミング（どのタイミングで）
・訴求コピー（そのバナーをクリックする理由づけ）
・クリエイティブ（画像、デザイン）

「施策を構成する要素の1つずつに絞って行なっていく」という意味は、ABテストを行なう場合には、この構成要素の1つに的を絞り、ほかの3つの要素は変更せず（つまり同一にして）検証を行なっていくということです。

この理由については、次のような対話の場面を想像していただくとわかりやすいでしょう。付き合いたてのカップルの男性が、彼女を食事に誘う場面です。男性はまだ彼女のことをあまり把握できていないのですが、できる限り、彼女の好みに応えたいため、彼女の好みを一問一答のABテスト形式で聞き出そうとしています。

（現実の場面ではABテスト形式で聞くことはないと思いますが、そのような制約があると仮定してください。）

明日だけど、「高級な、和食のお店で、ランチがいい？」それとも「カジュアルな、イタリアンのお店で、ディナーがいい？」

さて、皆さんはこの質問で、彼女の好みを理解できると思うでしょうか？　おそらく彼女は優しいのでどちらかを選んでくれるかもしれません。ただ、残念ながら彼女の好みを理解することは難しいでしょう。

さて、この質問の何が問題かというと、それは**「複数の要素を1つの質問の中に混ぜてしまっている」**ことにあります。具体的には「高級な・カジュアルな」という雰囲気や価格感の質問、「和食・イタリアン」という嗜好性の質問、「ランチ・ディナー」というシチュエーションの質問という3つの質問が同時に混ざってしまっている点です。

これでは彼女が仮にイタリアンのディナーを選択したとしても、彼女にとって「カジュアルな」という雰囲気が良かったのか、「イタリアン」という嗜好性が良かったのか、「ディナー」というシチュエーションが良かったからなのか、それともそれら「全部」だったのかがわかりません。つまり「彼女の好みの理解＝顧客理解」にまったくつながらない質問だということです。

これはかなり極端な例ではありますが、ひるがえってご自身のバナーにおけるＡＢテストの場面を思い返していただければと思います。さすがに接触チャネルやタイミングは共通であることが多いと思いますが、「訴求コピーとクリエイティブ」をワンセットとして、ＡＢテストを行なっている場面が多いのではないでしょうか？

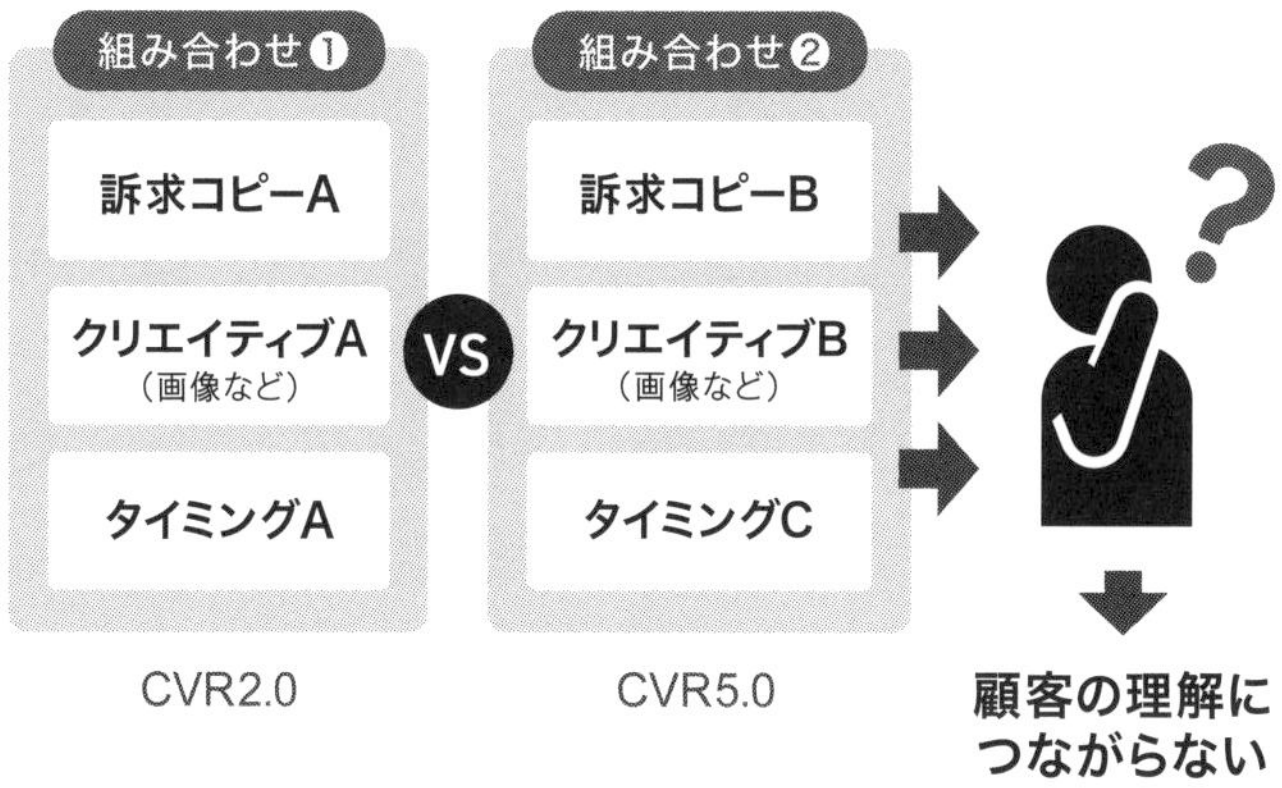

図1-2

だとすれば、先ほどのカップルのケースのように、顧客が訴求コピーとクリエイティブのどちらに反応したのかを検証するのが難しいと感じませんか？　もし媒体やタイミングすら異なるとすれば、なおさら「さっぱりわからない」という結果になるのではないでしょうか（図1－2）。

そうならないために、私がおすすめしている方法は次の通りです。

- 前提、媒体（または掲載ページ）と接触タイミングは固定する
- 次に、クリエイティブは、主張が薄く無難で、どのような訴求コピーにもマッチするような素材を選ぶ
- クリエイティブを共通にして、まずは「訴求コピー」の検証を繰り返す

- 訴求コピーの検証である程度「強い訴求」が見つかった段階で、今度は訴求コピーを固定して、クリエイティブのみのテストを行なう
- 訴求＋クリエイティブが固まったら、媒体やタイミングの検証を行なっていく

訴求コピーから検証を行なっていく理由は、先行指標となるＫＰＩ（Key Performance Indicator：重要業績評価指標、ここではクリック率とします）だけでなく、ＫＧＩ（Key Goal Indicator：重要目標達成指標、ここではコンバージョンなど）への影響力としては、訴求コピーが最も大きいためです。訴求コピーはクリックだけでなく、その先の目的行動（購入など）に対する顧客の直接的な行動理由となり得ますが、クリエイティブは認知やクリック行動の誘発には影響力が大きいものの、最終行動への影響度が弱い構成要素です。

第2のお作法が**「まず関心領域を明らかにし、次に選択される理由を明らかにする」**です。

これもカップルの事例で恐縮ですが、週末のすごし方について、彼氏が彼女に次のような質問をしたとします。

今週末だけど、「ディズニーランドに遊びに行く？」それとも「代々木公園でのんびりすごそうか？」

さて、仮に彼女が代々木公園を選んだとして、それは本当に彼女が週末にやりたかったことでしょうか？　この質問の何が問題か、皆さんはわかりますでしょうか？

この質問ではすでに「外出する」ということが前提となっています。もしかしたら彼女は「家にいたい」のかもしれません。つまり、この質問では選択肢として「家の中・外出」という「より上位の前提」からではなく、いきなり「より下位、つまりは上位の前提を外出と仮定した上での質問」となっている点が問題です。

私は**顧客理解を目的としたＡＢテストを行なう場合にはコツとして、まずは「上位の前提＝関心領域」を聞き、関心領域を明らかにした上で「下位の前提＝選択される具体的理由」を聞くという２段階のステップ**を推奨しています。

もう少しイメージしやすいように、洗濯機のバナー広告の訴求コピーを考える場面で考えてみましょう。前述の通り、まずは「関心領域」を明らかにするテストを行ない、次に「選択される理由」を明らかにするステップを踏みます。

〈関心領域のテスト（次の4つのABCDテスト）〉

・コストパフォーマンスの優位性

・高い品質

・圧倒的な使いやすさ

・コンパクトでどこでも設置可能

このテストでざっくり、顧客の関心領域が、価格面、品質面、利便性、導入容易のいずれにあるのかを検証します。（当然、顧客セグメントによって関心領域は異なるため、前提として、この洗濯機のターゲット顧客はすでに設定済みと想定してください。）

このテストで顧客の関心領域が「使いやすさ」にあったとします。次に行なうのは「選択される理由」の検証です。

〈選択される理由テスト（次の3つのABCテスト）〉

・業界最大容量で大家族でも1回のお洗濯で済みます

・業界初、AIが洗濯物から洗剤と容量を自動で設定

・業界初、自動クリーニング機能でお掃除の手間なし

ここでは「自動クリーニング機能」が最も高い成果をあげたとします。

さてここまでをまとめると、洗濯機に対しては多くの顧客が「利便性」に関心を持ち、さらに「自動クリーニング機能」は顧客がその洗濯機を選ぶ一番の理由になるということがわかりました。

基本的に「強い訴求コピー」は「抽象的な内容」よりも「エッジが効いた、その商品を選択すべき明確な理由」を訴求したほうが、効果は高くなります。よって、「業界初、自動クリーニング機能でお掃除の手間なし」はかなり強い訴求力を持ち、かつ顧客の関心にも合致した内容であり、高い効果があがる可能性があります（次ページ図1－3）。

ABテストは直接顧客と対話を行なうことが難しいデジタルの領域において、顧客と擬似的に対話を行ない、顧客理解を深めることができる貴重な手段です。顧客を理解できなければ、すべての施策は単なる当てずっぽうにすぎなくなり、せっかくのPDCAにおける検証サイクルで知見を得ることはできません。そしてABテストで顧客を理解するためには、実際の人との対話と同じように、一定のルールやお作法といったものがあります。

ぜひ皆さんも、「ABテストは顧客との対話を通じて顧客理解を行なうための手段である」

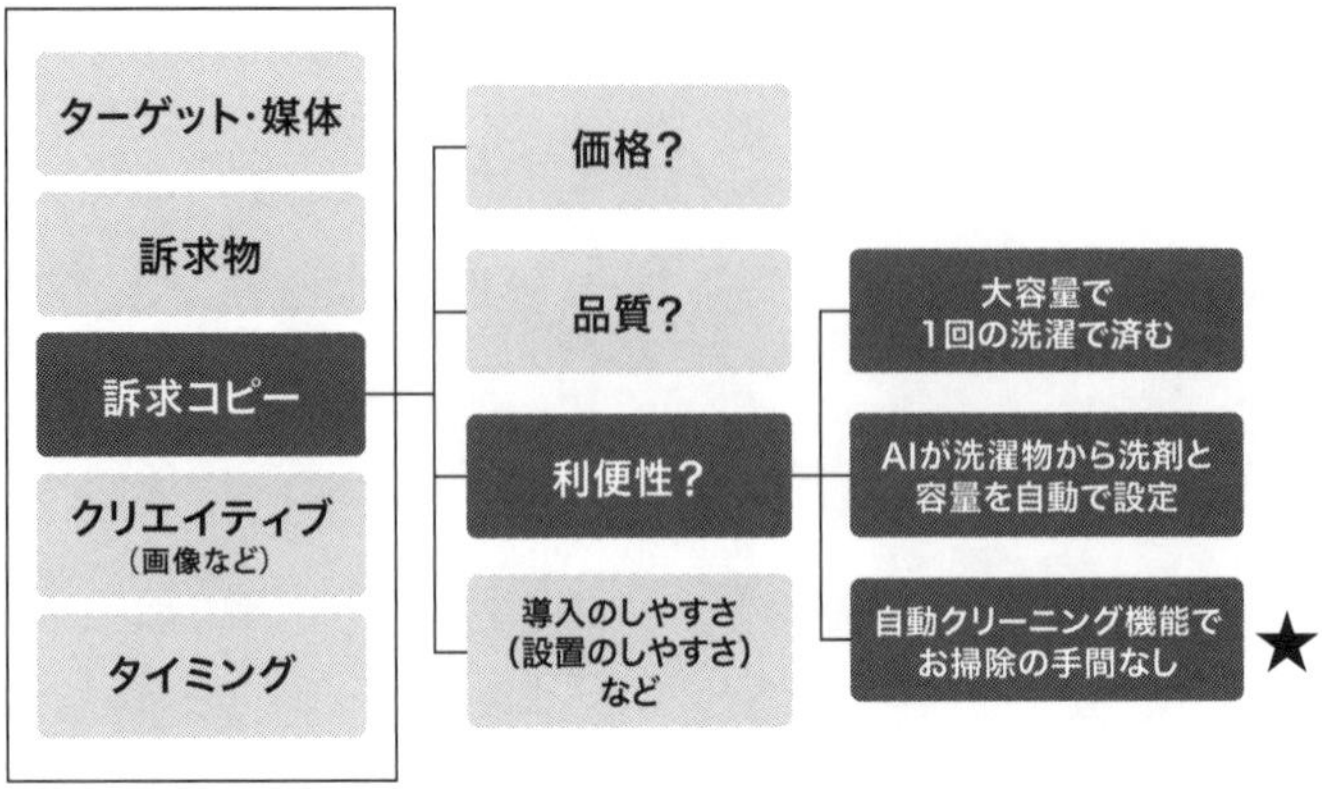

図 1-3

という前提に立って、ＡＢテストを活用いただければ幸いです

データは顧客を語らない

マーケティングにおけるデータ分析はさまざまな目的で行なわれます。その中でも大きな比重を占めるのが、戦略や施策を立案するための前提となる「顧客理解のためのさまざまな分析」です。このときに注意しなければいけないのが、**何の工夫もなく単に分析を行なうだけでは「データは何も顧客について語ってくれない」**という点です。

データに顧客を語ってもらうためには、まず基本前提として、「顧客から得られるデータというのは、本質的にどういうものなのか」、そして「データから得られることの限界」を理解しておくことが重要になります。そしてその上で、データに顧客を語ってもらうための「工夫」を施す必要があります。

ここでは、多大な時間もリソースもかけたのに、結局「戦略や施策につながるような、価値のある顧客理解につながらなかった」といった、データ分析の落とし穴にハマらないために、前提として押さえておかなければいけないことについて説明します。

データは結果であり、理由を語ってくれない

皆さんは採用面接を行なったことはありますでしょうか?

ほとんどの人は少なくとも「採用される側」の面接は行なったことがあると思います。すでに役職についている方なら「採用する側」の面接の経験もあるでしょう。

採用面接の際にはどのような書類が提出されるでしょう。多くの場合には「履歴書」と「職務経歴書」の2つの書類が提出されるはずです。履歴書には皆さんの年齢、性別、在住地、免許証の有無、出身校などの基本情報が書かれているはずです。そして職務経歴書には、皆さんのこれまでの経歴、スキル、どのような企業でどのような活動を行ない、どのような成果を出し、どの役職にいつ登用されたのかといった情報が書かれています。

では、皆さんの基本情報も経歴もすでにわかっているのに、なぜわざわざ面接などといった面倒なプロセスを行なうのでしょうか。皆さんはどう考えますか?

私が採用時に面接を行なう理由はシンプルです、それは履歴書と職務経歴書だけでは、採用対象者のことが「さっぱりわからないから」にほかなりません。実際に会ってみて、対話をしてみて初めて、その人がなぜそのような職務経歴を歩んだのか、なぜ現在のようなスキ

ルを得るに至ったのか、その行動の理由を知ることができます。そして、そこからその人の人物像や思想・信条、考え方の様式といったものを把握し、「採用対象者を正しく理解できる」からです。

ではひるがえって、顧客理解を目的としたデータ分析についてはどうでしょうか？ データ分析には基本的に「顧客マスター」と「行動データ（トランザクションデータ）」を用います。これを採用活動に当てはめれば、顧客マスターは履歴書にあたり、行動データは職務経歴書にあたります。

さあ皆さんはこの2つのデータだけを使って「顧客理解を正しく行なう」ことは可能でしょうか？ もし可能だとすれば、採用においても面接など行なわず、履歴書と職務経歴書を見るだけで採用対象者の理解は可能なはずです。

顧客理解におけるデータ分析の最大の課題は、データは基本的に「行動の結果得られるもの」であり、「行動の理由は与えてくれない」という点です。しかし顧客を理解するためには、「顧客がなぜその行動を行なったのか？」という「理由を知ること」が極めて重要となります。よって「顧客を正しく理解」するための分析を行なう場合には、何らかの工夫を行ない、この「行動の前提となる理由」を補完する必要があります。

顧客の行動理由を知る

顧客の行動理由を知るための方法の1つが、先ほどご説明した「ABテストによる顧客理解」です。これは採用における面接の役割を果たします。ABテストという対話手段を使って、顧客の関心領域と選択される理由を探っていき、その結果はクリック率やコンバージョンレートといった結果データに反映されます。

この手法をもう少し工夫することにより、個々のお客様の嗜好性や関心領域を把握することも可能です。そして自社の全顧客を似たような嗜好性や関心領域を持つ顧客でグループ化することで（顧客セグメント）、顧客セグメントを絞ってさらなるABテストの実施、または閲覧コンテンツといったものを分析することで、より深く顧客理解を行なうことが可能となります。

実際にこれを実現するためには、次の工夫をあらかじめ行なっておくことが必要です。

記事コンテンツや訴求バナーをあらかじめ「顧客理解を行なう目的」で分類化しておき、分類ごとにURLパラメーターを定義し、それらのコンテンツや、流入元のバナーの「URL」にパラメーターを付与しておきます。

実際の分析は「Google Analytics」で行なうことになると思いますが、その際に、付与したパラメーターごとに絞って分析することで、それぞれの「関心領域」に関心のある顧客のその後の行動を理解したり、BigQueryなどのCDP（カスタマー・データ・プラットフォーム）のデータを分析することで、顧客を「関心領域」でセグメントし、より高度な顧客理解の分析を行なうことが可能となります。

余談ですが、いわゆる読みもの系の記事コンテンツの閲覧情報は、ABテストにおける顧客理解と同様の効果を持ちます。あらかじめ記事コンテンツを「記事を通じた顧客との対話」と位置づけて分類したり企画したりといった準備が必要ですが、このような目的で記事コンテンツを用意している場合、記事の閲覧履歴から、その顧客の関心領域や嗜好性を把握することが可能です。そして、ある記事を読んだ顧客がその直後に（同一セッション内に）コンバージョンしているとすれば、その顧客のコンバージョンという結果行動に至った理由が、そのコンテンツ（に書かれている情報）にあったと推察することができます。つまり、行動の理由を知る手段の1つとなり得るということです。

アンケート分析の落とし穴

顧客をさらに深く理解するためには、データ分析だけではどうしても限界があります。そこで行なわれるのが、アンケートやインタビューといった「直接お客様に聞いてしまう」という手法です。ただこれにもいくつかの落とし穴があるため、取り扱いには注意が必要です。顧客理解や満足度調査などのために、自社の顧客に対して定期的にアンケートを行なっている方も多いのではないかと思いますが、皆さんは実際にどのような手法を用いてアンケートを行なっているでしょうか？

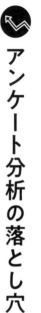

おそらく多くの方は、四半期に1回や1年に1回といったペースで、その間に何らかの行動をした顧客を抽出し、メールなどを一斉配信しアンケートを実施、収集して分析といったやり方で行なっていると思います。

ここで具体的な事例として、「新規に顧客になってくれた方たち」から「自社を知った理由（認知経路）や、購入の決め手となったこと」を聞き出したいとします。アンケート対象者は「過去3カ月以内に新規顧客になったお客様」とし、「メールで一斉配信を行なうアンケート」を実施したとします。アンケートの目的は、「次の半年間の広告投資の媒体戦略」、そして「メインの訴求軸を考案するため」とします。

さて皆さんは、このアンケートで得られた情報を自信を持って戦略に活かすことができるでしょうか？

私は正直言って、怖くてこのアンケート結果を信用することはできません。その理由は、皆さんが実際に「アンケートされる側」になった場合を想像すればわかるかと思います。

皆さんは自分が過去にＷｅｂやアプリ上でとった行動（たとえば新規会員登録や購入など）のことを、どの程度覚えていますでしょうか？

1カ月前の行動、または3カ月前の行動についてはいかがですか？　正直、私自身は1カ月前や3カ月前にＷｅｂやアプリでどんなものを購入したかさえ、よく覚えていません（私の記憶力が悪すぎるせいかもしれませんが）。ましてや、その購入のきっかけや、そのサイトやアプリをどこで知ったかなど、正直言ってさっぱり思い出せません。

皆さんは**「エビングハウスの忘却曲線」**をご存じでしょうか？

よく、受験のときなどに学習の記憶効率について語られる例のやつです。エビングハウスの忘却曲線とは、ドイツの心理学者であるヘルマン・エビングハウスが、人間の長期記憶について研究した結果、提唱された考え方ですが、その研究によれば、人はよほど強く意識し

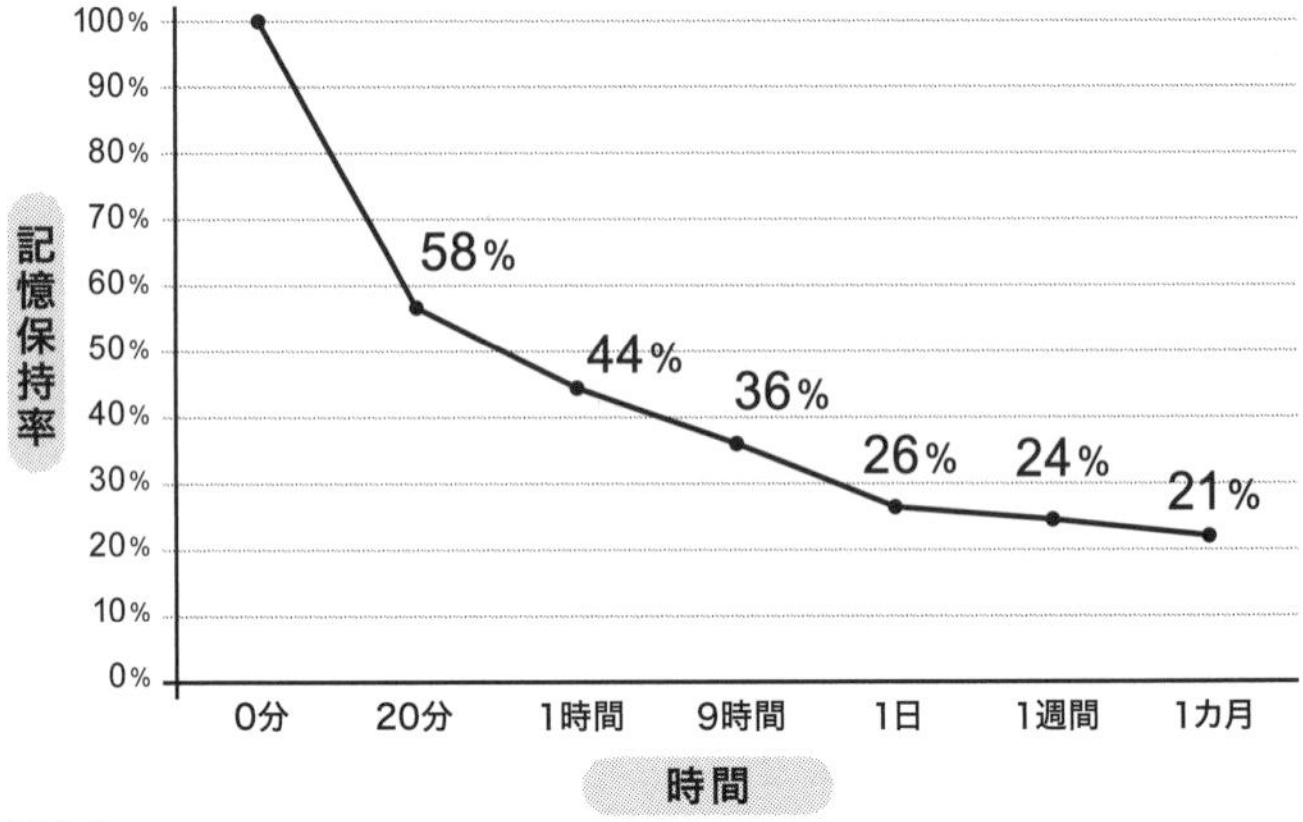

図 1-4

て記憶したことでない限り、記憶した1時間後には4割忘れ、1週間後にはわずか2割ほどしか覚えていないとされています（図1－4）。

つまり、数カ月も前に新規顧客になったときのことなど、ほとんど覚えていないということです。そう考えると、この結果をもとに戦略を立てるのがいかに怖い行為かということがおわかりいただけるでしょう。

また、アンケート分析のもう1つの課題が**「顧客は無意識にウソをつく」**という課題です。単に謝礼が欲しいがために適当にアンケートに答える回答者を除外するのは、いくつかのテクニックがあり、除外可能なのですが、無意識のウソについては、残念ながら見極めることが非常に困難です。わかりやすい事例が、以前読んだWeb記事にあったので紹介します。

あるスーパーマーケットでの試食実験です。

消費者に対して、まず事前にブルーベリーのジャムと、黒スグリのジャムを出して、どちらが好みか尋ねます。消費者が「ブルーベリー」と答えたら、いったんジャムを引っ込めて、5分ほど世間話をしたあとに、「黒スグリ」のジャムを出して、「お好きなのはこちらのジャムですよね。なぜこちらを選んだのですか？」と聞きます。すると、8割の消費者が「そうそう、これなのよ」と言って選んだ理由を説明し始めたそうです。

つまり、ジャムがすり替わったことに気づいた人はたった2割にすぎなかったそうです。

（出所：プレジデントオンライン「所詮は建前!?　消費者アンケートのウソ」https://president.jp/articles/-/10357?page=1）

これは記憶があとから出てきた類似情報に上書きされた事例となりますが、人間の脳というものは、生物学的な観点からは、「さまざまな状況変化に対応し生き抜くために、極めて融通性が高く、いつも揺らいでいる」という性質から生じます。

また、日本マクドナルド元社長の原田泳幸氏の次のX（旧Twitter）への投稿も有名です。

「アンケートをとると必ずヘルシーなラップサンドやサラダがほしいと要望があって商品化したけれども売れたためしがない。

ヘルシーなサラダでなくメガマックが売れる。お客は言うこととやることが違うからお客の話を聞いてはだめ。」

（出所：マインドドック「騙されない経営者はアンケートも数値化も疑ってかかる。お客様は無意識に嘘をつくと知りましょう」https://bestmindoc.com/4149/）

これも決して消費者が意識的に嘘をついたわけではなく、無意識のうちに「いいことを言わなければ」というバイアスがかかってしまうことが原因です。

アンケート分析の落とし穴を回避するために

このようなアンケート分析の落とし穴を回避するためには、どのようにすればよいのでしょうか?

「いっそのこと、アンケートなどやめてしまおうか」と考えるのは短絡的です。アンケートは正しく活用すれば確実に顧客理解につながる重要な方法です。大事なのは、ここまで述べてきたような「落とし穴がある」ということをまず理解し、注意して扱うことをまずは前提とし、可能であれば「回避方法を探る」ことです。

1つ目の課題の「忘却曲線（人はすぐに忘れちゃう）」の問題を解決するには極めて有効な手段がすでに開発され、そして実践されています。ただしデジタルでしか行なえない手法となります。その手段とは、ある行動の理由や背景を知りたいと思った場合には、**「その行動の直後に質問する」**ということです。

たとえば、ECサイトで「新規顧客の認知経路や購入理由」を知りたいと思った場合には、その顧客が「新規顧客化（バスケット→会員登録→決済フロー完了）」した直後の画面、一般的には「サンキューページ（お買い上げありがとうございました）」の画面で、ポップアップによる「簡易アンケート」を行なう手法です。回答にボーナスポイントなどのインセンティブを付与すれば、回答率が高くなります。そして、その場で回答してもらえなかった顧客に対しては、「購入完了メール」が送られる直後に「アンケート・メール」を送ります。

この手法を使うことで、行動理由となる事象の記憶が最も新鮮なうちに、顧客の情報を得ることが可能になります。実際にアメリカでは、このサービスに特化したツールが存在するほどで、多くの企業が利用し、広告の認知効果の計測に利用しています。

ただこの手法の弱点は、あまり複雑な質問や多くの質問は同時には行なえないという点です。逆を言えば、シンプルで限定的な質問だからこそ、行動直後に回答してもらえる確率が上がり、また、「無意識のバイアス（嘘）」も発生しにくいといえます。

「無意識の嘘」を回避することは正直言ってかなり困難です。ただ、謝礼を目当てに適当に回答している人を弾く方法は意外に簡単です。

たとえば「知っている航空会社すべてにチェックをつけてください」のような質問をして、解答欄にJALやANAといった実在する航空会社の中に「SAL」みたいなデタラメな選択肢を並べておきます。これにチェックをつけるような人は、おそらく適当に答えている可能性が高いので、排除します。つまり、意図的に適当に回答する人を回避するための「トラップ」を仕掛けておくわけです。

無意識の嘘については、このようなトラップの設置や、質問を工夫することだけ対処するのはけっこう困難です（「良く見られたいバイアス」がかかりそうな質問はしない、といったような工夫は可能です）。

ですから分析や解釈の段階で、「このようなバイアスがかかっているかもしれない」という前提を持って作業を行なう必要があります。これには分析者の能力や経験値がかなり影響しますので、重要な意思決定に利用するのであれば、信頼のおける分析者やパートナー企業に依頼するのが安全です。

PDCAは環境変化に弱い

ここまで述べてきた「ＰＤＣＡの落とし穴にハマらないようにするための手法」を完璧に実践していたとしても、まったく成果があがらない、結果につながらないといったことが、マーケティングの世界では常に起こります。

その理由は**「PDCAは環境変化に弱い」**ということに起因します。ある意味、これこそが「ＰＤＣＡの最大の落とし穴」とも言えるでしょう。

ここでは、「なぜＰＤＣＡが環境変化に弱いのか？」、そして「どのようにすれば正しくＰＤＣＡを機能させ成果に結びつけることができるのか？」をお話しします。

戦略の失敗は戦術では取り戻せない

1980年代、日本の半導体シェアは世界1位であり実に世界シェアの7割以上を日本が握っていました。対して現在は日本の半導体シェアは10%にも満たず、まさに30年にわたって衰退の一途を辿ってきました。

これほどまでに強かった日本の半導体産業が衰退してしまった要因は何なのでしょうか？1つの大きな要因は「プラザ合意（1985年）」による為替レートの変更と「日米半導体協定（1986年）」という実質的な制裁措置にあるわけですが、より本質的な要因は、日本企業の半導体戦略が環境変化に対応できなかったことにあると考えられています。

日本は極めて高品質な半導体（主にDRAM）を提供できる技術力と生産体制を最大の強みとして市場を席巻してきました。このときの主なマーケットは企業であり、通信機器やサーバー向けの半導体が中心でした。これらのマーケットでは、半導体の品質・耐久性といった面が重要視され、日本の強みを最大限発揮できた市場でした。

たとえば、当時のNTT仕様の自社の通信機器向け半導体は「35年保証」であり、日本企業はより高品質で耐久性が高い半導体を作り出すことに、より経営資源を集中させていくことになります。

しかし、1990年代中頃になると、半導体のメインマーケットは「パソコン」に移行していきます。パソコンの買い替えサイクルは5年程度であり、品質や耐久性よりも求められるのは「安さ」です。この市場における戦いにおいては、日本の半導体は明らかに「過剰品質」であり、品質や耐久性は劣るものの価格優位性の高い韓国勢に一気に市場を奪われていくことになります。

この間も生産現場では、日本の最も得意とする「PDCA（トヨタではKAIZEN）」を突き詰め、品質と生産性向上に向けて、ひたすら努力を積み上げていくことになります。しかし、経営陣はこの大きな環境変化の中で、手遅れのレベルに陥る前に、戦略を大きく転換することはできませんでした。

この事例から私が何を言いたいかというと、**「環境変化に戦略が適応できなければ、現場がどんなに高いレベルでPDCAを回しても、ムダに終わる」**ということです。

PDCAの弱点

PDCAは、もともと生産技術における品質管理などの継続的改善手法です。第二次世界大戦後の1950年にアメリカの統計学者エドワーズ・デミングが来日し、日本科学技術連盟（日科技連）で生産性向上に関する講演を行ないました。日科技連の幹部がこの講演内容をベースにPDCAを提唱したところ、定着し、日本の製造業の強さの源となりました。

この手法は、日本人の持つ気質とも非常に相性が良く、また、日本が製造業を中心に戦後の経済成長を遂げていこうという国策とも整合し、日本のあらゆる生産現場で取り入れられ、トヨタ自動車では独自の改良を積み重ねられて、世界的に有名な「KAIZEN」という言葉を生み出すにまで至ります。

生産現場においては「何をなぜ作るのか?」が事前に明確に決まっており、「どのように行なうか?」が最大のテーマになります。PDCAはまさにこの「どのように行なうか?」を最大効率で行なうためのフレームワークとなります。言い換えれば、「何をなぜ作るのか?」を決めるのが「戦略」であり、「どのように行なうか?」が「戦術や施策」にあたるので、マー

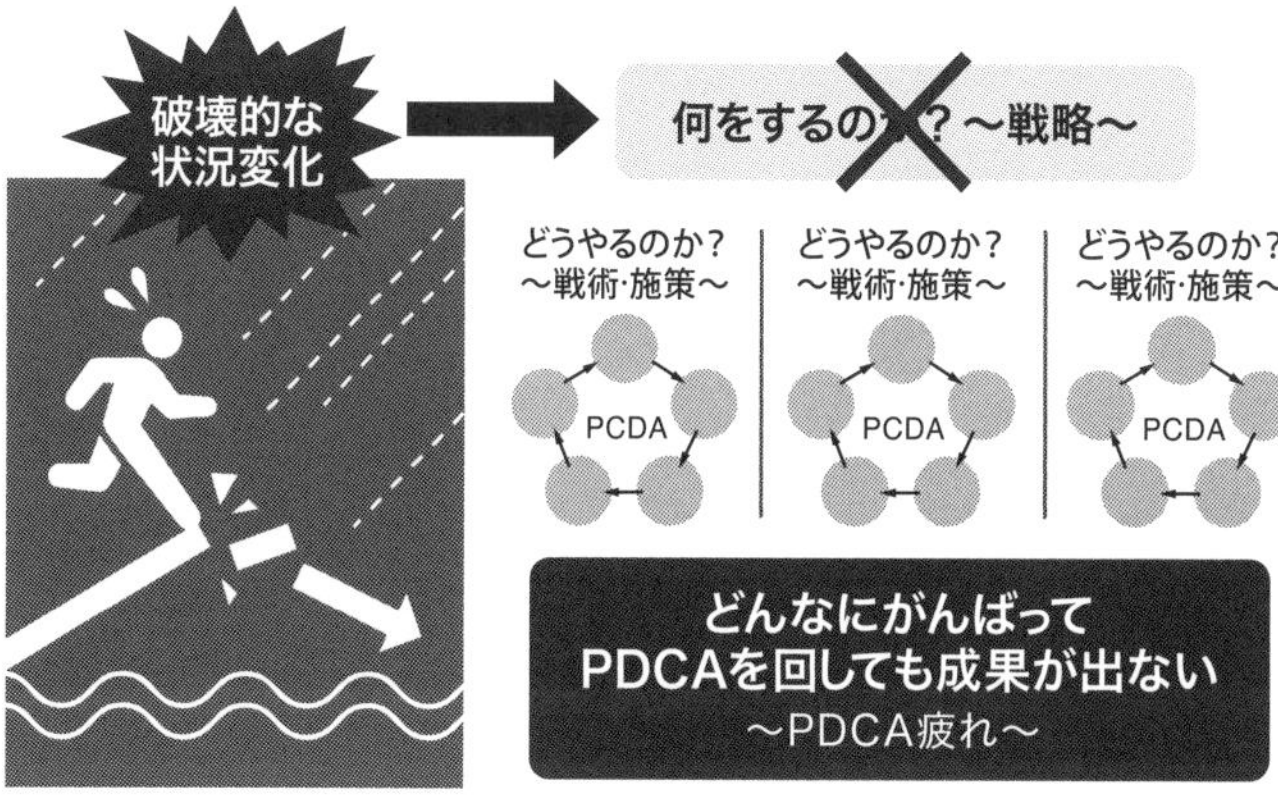

図 1-5

ケティングにおけるＰＤＣＡは「戦術や施策」を対象としたフレームワークと言えます。

すでに勘の良い方であればお気づきかと思いますが、もしそもそもの「何をなぜ作るのか？」の設定が間違っていた場合、どんなにＰＤＣＡをがんばったところで「成果はあがらない」というのが、まさにＰＤＣＡの最大の弱点となります。

そして、先ほどの半導体の事例の通り、当初はその戦略が合っていたとしても、環境変化によって戦略の前提が変わってしまった場合、それまで成果をあげていたＰＤＣＡが意味をなさなくなることになります（図１－５）。

そして皆さんもご存じの通り、世の中の環境変化はより速くなっており、また変化の振り幅も日増しに大きくなってきています。

この状況に対応していくためには、ＰＤＣＡだけではなく、そもそも「環境変化を察知しそれに適合していくためのフレームワーク」が必要となり、ＰＤＣＡと合わせて取り組んでいくことが求められます。

ツインループPDCA

皆さんの中には「戦略」と聞くと、あたかも戦略室が決めることや、経営者や役員など偉い人たちが決めるものだと思う方もいるかもしれません。しかし実際には「戦略」とは、その立場により対象とする「範囲や課題」が異なるにすぎず、一般社員であっても、アルバイトであっても、誰もが考えるべきことです。

戦略とは先にも述べましたが、平たく言えば「何をなぜ行なうのか？」を決めることであり、普段行なっているマーケティング施策であっても、それらには常に「行なうべき理由」が存在し、皆さんも日々の業務の中で、自然と考えていることでもあります。

重要なのは、この自然に行なっている「何をなぜ行なうのか？」を意識的に行ない、ＰＤＣＡと同様に、プロセスとして回し続けることです。

環境や状況は日々刻々と変化し続けています。この変化を察知し戦略を常に最適化し続けるサイクルが今より重要性を増しています。では、実際にこのサイクルをどのようにして回していけばよいのでしょうか？

航空戦から生まれたフレームワーク「ＯＯＤＡループ」

朝鮮戦争（１９５０～53年）でアメリカ軍はＦ－86戦闘機、ソ連軍および中国軍はＭｉＧ－15戦闘機を主力として航空戦を戦いました。Ｆ－86は加速・上昇・旋回性能のいずれもＭｉＧ－15よりも劣っていたにもかかわらず、圧倒的に優れた戦果を残し、そのキル・レシオ（撃墜対被撃墜比率：味方と敵の損害比率）は、ほぼ10対1に達したと言われています。自らもＦ－86に搭乗し戦闘に参加したジョン・ボイドは、この理由について洞察した結果、Ｆ－86のコックピットは３６０度の視界が確保されており、操縦性も優れていたため、ＭｉＧ－15よりも「敵機を早く発見でき、かつ、より早く対応する行動をとれた」からだと気づきました。

ボイドはこの洞察をさらに深めることで、戦争のような状況変化の激しい環境においては、**「観察（Observe）→情勢への適応（Orient）→意思決定（Decide）→行動（Act）」**のループをいかに速く行なえるかが、その勝敗に決定的に重要な要素となると結論づけました。この意思決定モデルは、アメリカ軍やＮＡＴＯだけでなく、ロシアを含む世界中の軍隊における「指揮官の意思決定フレームワーク」として定着することになります。

この意思決定フレームワークを**「OODA《ウーダ》ループ」**と呼びます。

ＯＯＤＡループは、環境変化に戦略を常に最適化させていくフレームワークとして、ビジネスの世界でも高い支持を受け、現在ではアメリカのビジネススクール（ＭＢＡ）での必須習得理論となっており、環境変化の速度がより加速化しているデジタル時代において、より注目を集めています。

ＯＯＤＡループのプロセスは次の通りです。

Observe（観察）……観察することによって現状を認識します
Orient（状況判断）……観察結果をもとに現在の情勢を認識し判断材料を整えます
Decide（意思決定）……判断材料をもとに「何をすべきか」を決定します
Act（実行）……意思決定したことを実行します

これらを常にサイクルとして回し続けることから、ＯＯＤＡループと呼ばれています。

このプロセスにおける「Act（実行）」にあたる部分で行なうのが「ＰＤＣＡサイクル」であるというのが私の考えです。つまり、ＯＯＤＡループとＰＤＣＡサイクルは自転車の前輪と後輪のように常にセットで連動しており、「Act（実行）」というチェーンでつながっているイメージです。この連動サイクルを私は**「ツインループPDCA」**と呼んでいます。

たとえば､リスティング広告を例に考えてみましょう。今まで効率良く取れていた重要キーワードがある日突然、成果があがらなくなったとします。必死に入札単価やタイトル、ディスクリプションをチューニングしまくり、何とか状況を改善しようとしますが成果は一向に変わりません。

後日、実はGoogleの広告プラットフォームに大きな変更があり、リスティングキーワードよりも上位に「ショッピング・サーチ」が表示される仕様に変更になっていたことに気づきます。リスティングより明らかに訴求力の強い、商品画像と価格が表示されるショッピング・サーチに検索ユーザーが吸い取られていたわけです。

つまり「戦場のルール」が変わるという、極めて大きな状況変化が起きていたことになり

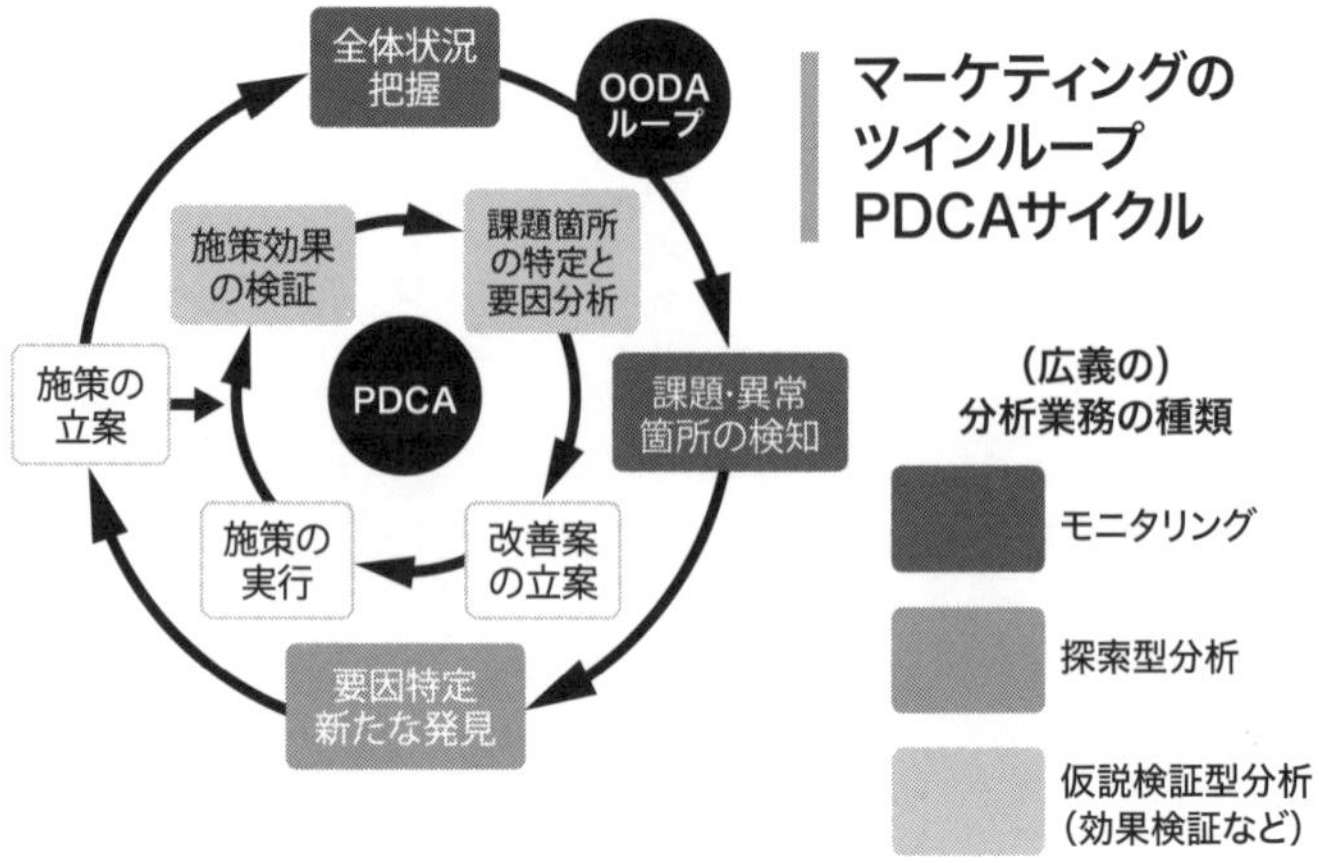

図1-6

ます。

　ＰＤＣＡサイクルだけを回しているとすれば、この状況変化に気づくことはできません。ＯＯＤＡループを回していればこそ、「Observe：戦場＝Google広告プラットフォームの観察」「Orient：プラットフォーム変更にともなう影響の整理」「Decide：ショッピング・サーチへの投資金額のシフト」「Act：ショッピング・サーチへの出稿とリスティングの修正」が行なえ、また新たな前提をもとにＰＤＣＡサイクルを回し、成果をあげられることでしょう（図１－６）。

　変化の激しいデジタルマーケティングの世界においては、自らの業務において、いかにこのＯＯＤＡループを効率的に行なう環境を整えるのかを、ＰＤＣＡ同様に考え、実行していくことが強く求められます。

第2章

Webサイト／アプリ改善の落とし穴

「バケツの穴を塞ぐ（ファネルは後ろから改善）」の本当の意味

皆さんはセミナーやＷｅｂ記事などで「サイト改善はファネルの後ろから改善する」や「まずはバケツの穴を塞いでから」といった話を見聞きしたことはありますか？

ファネルとは、「流入→ランディングページ（主にＴＯＰページ）→商品一覧→商品詳細→バスケット→決済フロー→購入完了」といった、サイト内における理想的な顧客の流れ（導線）であり、「この顧客導線の後ろから改善していったほうがいいよ」というのが、多くのセミナーなどで解説されている内容かと思います。

さて、ここで皆さんにお聞きしますが、**そもそもなぜファネルの後ろから改善していったほうがよいのでしょうか？**　皆さんはこの質問に正確に答えられるでしょうか。また、セミナーなどでこの理由について正確な説明を聞いたことがありますでしょうか？

仮に、WebサイトのCVR（セッション／CV）が1％であったと仮定します。この場合、「商品詳細ページからバスケットへ」の遷移率を50％改善すると、全体のCVRは1・5倍となり「1・5％」になるはずです。

では、「決済フロー↓購入完了」の遷移率を50％改善した場合はどうでしょうか？

この場合も全体のCVRは1・5倍となり「1・5％」になります。つまり、改善率が同じであれば結果は同じわけで、この観点からはファネルのどこから改善してもいいことになるはずです。

ファネルの後ろから改善すべき本当の理由

私の講座では、いつもこの「ファネルの後ろから改善すべき理由を正確に答えてみてください」という質問をするのですが、ほとんどの受講生は正確な回答（論理的に正しい回答）ができません。これは彼らのスキルに問題があるのではなく、そもそも、多くのセミナーや書籍でこの問題を正確に説明していないことが原因だと考えています。

そして、この書籍を書くに至った理由の1つもここにあります。マーケティングのフレームワークやセオリーを実際の現場で「活用」するためには、その**フレームワークやセオリーの背景にある「本質的な理由」を正しく理解する必要があります。**そうでなければ「理由もわからずそれらを使う」ことになってしまい、効果を最大限発揮し、その上で応用することができません。なので、本書では特にこの点に力を入れて解説するようにしています。

では、なぜファネルの後ろから改善すべきなのか？　私はセミナーなどで次のように説明しています。答えは非常にシンプルです。

「ファネルの後ろに行くほど、顧客のニーズや課題は多様性をなくしていく」「その結果、ファネルの後ろほど、1つの改善で影響を与える顧客構成比が高くなり、施策効果が高くなると同時に、PDCAも回しやすくなるから」です。

イメージしていただきたいのですが、1万人の顧客が商品詳細ページに訪れるとして、それらの顧客の「嗜好性、ニーズ、課題」はとても多様です。何となくどんな商品があるかを眺めに来た人もいれば、春物のセーターを広く探している人、すでに心に決めているいくつかの商品を比較したい人など、さまざまです。

十人十色のニーズに対して改善を行なうとすれば、多くの顧客に共通しそうな改善を「薄く・広く」行なうか、何らかの手段でさまざまな顧客に自動的に最適化されたアクションを「狭く・深く」行なう必要が出てきます。いずれの場合も、ＰＤＣＡを大量かつ高速に回すのはとても大変です。

ただ、「決済フロー」だったらどうでしょうか？

この段階までくると、顧客のニーズはもはや「決済を完了したい」というニーズがほとんどであり、課題が発生するとすれば「クレジットカードのセキュリティコードがわからない」や、「配送日に不安がある」など、容易に想像がつくいくつかの課題に絞られます。

「商品詳細ページ→バスケットの遷移率」「決済フロー→購入完了の遷移率」のいずれが改善しやすく、かつＰＤＣＡが行ないやすいかは、火を見るより明らかだと思います。（サイト構造やシステムの問題で着手しやすい／しにくいは、いったんここではかたわらに置きます。）

これは、さらにファネルの手前である「ＴＯＰページ」と「商品詳細ページ」の関係についても同じです。ＴＯＰページに至っては閲覧している顧客のニーズや課題はさらに多様になります。お気に入りの読みものコンテンツや、スタッフブログを読みにきたのであって、「商品自体は今は見るつもりがない」という顧客だって、たくさんいるわけです。

フレームワークやセオリーの裏にある本質理解の大事さ

いかがでしょうか？
「ファネルの改善は後ろから」というとても一般的なセオリーも、このような本質的理由を理解した上で捉えると、日々の施策立案の考え方もかなり変わってくるのではないでしょうか？　本質を理解することで「あれ？　これってこういう理由なのであれば、こういう風にも使えるのでは？」といった応用的発想も出てくるでしょう。

顧客のニーズや課題の多様性が少ないほど施策効果が高くPDCAを回しやすいとすれば、限られたリソースをそのような対象でかつボリュームの大きい箇所に投入すれば、全体の生産性を向上できる気がしませんか？　そしてそのような対象は探そうと思えばいくらでも見つかるはずです（しかし、この本質理解がないと、そもそも探すことすら行なわれないわけですが）。

たとえば、比較的大々的に行なっている「広告連動型キャンペーン」などはどうでしょうか？

テレビCMと連動させるようなキャンペーンがわかりやすいかもしれません。このような場合、このキャンペーン広告から流入する顧客は「そのキャンペーンで訴求している内容を得たい」という単一のニーズで動くわけですから多様性は少なくなります（そもそもキャンペーンとは、それくらいニーズを絞り込んで行なわないと効果が薄いわけですが）。よって、改善施策の立案もPDCAも当然回しやすいはずです。

だとすれば、流入導線をできるだけ絞り込んで、リスティングのメインキーワードも、一時的にキャンペーンに寄せて、この導線の流入数を最大化させるのが得策です。そしてリソースをこの導線のPDCAに集中させることで、最も効率良くサイト全体の成果を向上できると考えられます。

また、多様性が高い導線については、全顧客の多様性を吸収するということはそもそも不可能なわけですから、**「ニーズや課題が予測できる顧客（またはそのような行動を直前に行なっている）」に絞り込んで対策を打つ**ことで、多様性を減らし対応を行なうことが可能となります。

たとえば、過去1週間以内に「配送地域と送料」のページを閲覧している顧客がいるとしたら、その顧客が直近で気にしている課題はこの点にあると仮定できます。その顧客がすでに会員登録しログインしている場合には、その顧客が商品詳細を閲覧している際には、常にポップアップ表示で「お住まいの地域の送料はいくらですよ」と表示しておいてあげるというような手段が取れます。

業界最高レベルのマーケティングを行なっているアマゾンなどは、非常に優れた施策を行なっていて、「同一のマンガなどを一定回数閲覧」していると「特別オファー、シリーズ5巻までセット購入で特別価格、あと10分」などと表示するという施策を行なっていますが、これは「同一シリーズを複数巻閲覧している人はまとめ買いも検討しているのではないか？」という「ニーズや課題を予測できる顧客に絞り込んだ」秀逸な施策といえます。（正直、私もこの施策でいくつの作品を購入してしまったことか……、もはや覚えていないほど買っちゃっています。10分という時間制限が絶妙ですよね。）

皆さんもぜひ、セミナーなどでセオリーやフレームワークを学んだ際には、その背景にある本質的ロジックを自分なりに「解読」してみることをおすすめします。

買う気のない人に、その場で買わせることはできない

皆さんはアパレルショップなどでこんな経験をしたことはありませんか？

ショッピングモールに食料品の買い出しに行った際に、そろそろ肌寒くなってきたこともあり、たまたま目に入ったアパレルショップにふらっと入って、「今年はセーターを買い直そうかな」とか、「いやダウンでも検討しようかな」など、それほど真剣に購入検討するつもりはないけれど立ち寄った。そんな場面をイメージしてください。

そのときに店員がさっと寄ってきて「今日はどんなお洋服をお探しですか？　今年の新作ではこのダウンが人気でして……うんぬん」といったような経験です。

正直、私はこれが大変苦手でして、用事があればこちらから声をかけるし（でもなぜかそういうときに限って店員さんが捕まらなかったりするのですよね）、何よりも「そこまで具体的な検討段階でない」ときにこれをやられると、意識的にそのお店を次から避けるように

なっちゃったりします。

最近ではこのコミュニケーションの弊害にお店側も気づいて、そういう場面も減りはしましたが、いまだにやっているお店もあります。

リアル店舗と異なり、Ｗｅｂサイトやアプリではどうでしょうか？

前に書きましたが、ECサイトは究極の自動販売機でもあるので、こういったコミュニケーションは行なっていないイメージがあります。では「レコメンドエンジン」って、そもそも何のためにやっているのでしょう？

レコメンドの直訳は「おすすめ・推薦」です。これは見方を変えればリアル店舗における店員さんの「おすすめ」と同じコミュニケーションと言えなくもないのではないでしょうか？まだ購入する気持ちのない、まだ検討段階の非常に浅いところにいる顧客にとって、このコミュニケーションが果たしてどこまで有効なのかをよく考える必要があります。

たとえば、私が「今年の冬こそダウンを買おう。まだ1回も買ったことないけど」といった状況だったとして、あるアパレルサイトにふらっと訪れたとした場合、まず知りたいのは

「どのような気温やシチュエーションで、どのようなダウンを、どのような基準で選べば良いのか」です。

この段階では「ダウン自体に対する購入意欲」は高いのですが、購入検討フェーズは「まだ比較検討よりも前の段階」にあります。よって、この来訪（セッション）で購入する確率は決して高くないと想定されます（比較的、高価な商品でもありますし）。

この段階の顧客に対する適切なアプローチは「ダウンの選び方」的な読みもののコンテンツであり、その中で、自社のダウンラインナップが、「どのようなシチュエーションに合致しているのか」「どのような判断基準でダウンを選べばよいか」「その判断基準に照らしたときに、自社商品はどのような点が他社商品と比べて優れているのか」を理解してもらい、「まずは検討の土台」に乗せてもらうことがゴールとなります。

ここまでの説明で何が言いたいかといえば、リアルにおいてもデジタルにおいても、**「買う気がない顧客に、その場で買わせることはできない」**ということです。もう少しフレームワーク的な言い方をすると**「顧客の検討段階に合わせたコミュニケーションを行なう必要がある」**ということになります。

顧客の検討段階に合わせたコミュニケーションを行なう

「自社のWebサイトでは、十分にこの点を考慮してUI／UXを作っている」と、自信を持ってお答えになる方もいらっしゃるでしょう。それは素晴らしいことだと思います。しかし、私の目から見て「このサイトは違うかも……」と感じるサイトが多いことも事実です。ちなみに、私の言う「検討段階に合わせたコミュニケーション」とは次のような感じです。先ほどのダウン検討のケースで解説します。

〈検討超初期段階〉（ダウンにしようか、ほかのコートにしようか）
・検索ワード「ダウン　メリット」「ダウン　蒸れる?」「ダウン　暑すぎ」など
・リスティングタイトル「今年の冬はダウンを選ぶべき?」
・ランディングページ「今年の冬、ダウンを選ぶべき3つの理由」の記事コンテンツ

〈検討初期段階〉（ダウンの選び方がまだわからない段階）

・

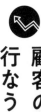

・クッキーで「ダウン比較コンテンツの閲覧履歴なし」（カテゴリートップやカテゴリー一覧の上部にバナーを掲載しておく）
・カテゴリートップやカテゴリー一覧の上部に「ダウン比較コンテンツ」への誘導バナーを設置

〈検討後期段階〉（どのダウンを購入しようか迷ってる段階）
・クッキーで「ダウン比較コンテンツの閲覧履歴あり」
・カテゴリートップやカテゴリー一覧の上部に「ダウン商品ランキング」や「今年の最新作」をレコメンド表示

〈検討確定期〉（ほぼ購入商品を確定）
・商品をお気に入り登録、バスケットイン
・この商品を購入した人は、これも一緒に買っていますよ」レコメンドや「この商品の最新バージョンが発売されています」レコメンド

ここまで詳細なシナリオを組んで行なっていることは稀かと思いますが、「検討段階に合ったコミュニケーション」をイメージしていただくために、あえて、「ここまでやるの？」というシナリオを書いてみました。

実際に「検討段階」を意識した「リスティングキャンペーン」と「ランディングページ」の組み方はかなり重要で、いまだに「もったいない」と思う場面にも多々出合います。**検討段階はお客様の「検索キーワード」に如実に現れます**し、検索時の「知りたいこと」にタイトルやランディングコンテンツが合致していなければ、効果は半減します。

検討段階が検索キーワードに現れる事例として、かつて私が行なった中古車のガリバーでの事例がわかりやすいと思いますので紹介します。

顧客が車の売却を検討する際に、検討段階によって明確に使用するビッグキーワードが異なります。浅い段階の顧客は「査定」というキーワードを使い、深い検討段階の顧客は「売却」というキーワードを使うのです。

よってこれらのキーワードを使用した顧客のニーズは当然異なり、査定を使用した人は「まずは自分の車の査定金額が知りたい＝ほかの会社でも相見積もりを取りたいので、営業されたくないし、すぐには売却したくない」です。

対して売却を使用した人は「売りたいけれど、何をどうすればいいの？」や「どのくらい価格交渉に応じてくれるの？」というニーズが強い傾向にあります。

よって、ランディングページにおける訴求軸も機能も当然変わってきますし、検討段階が浅い分、「ＣＶＲ」が大きく異なります。

やや業界の特殊性もあり、車の査定では「相見積もりサービス」の利用が一般的なため（「カービュー／中古車買取一括査定」など）、それらの媒体に出稿している中古車・買取り業者としては、それらのサイトとの「入札競争」を避けるために、「査定」ワードに対する広告出稿はあえて限定的に抑えるといった広告戦略をとるか、逆に、相見積もりに流れる前にインセンティブなどを用いて、査定から一気に売却までを獲得する営業戦略をとるかなど、**顧客の検討段階に合わせた戦略レベルでの検討**が求められます。

皆さんの会社では、リスティングキャンペーンを「検討段階」という軸で設計していますでしょうか？

もしまだやっていないとすれば、業界にもよりますが一度検討してみることをおすすめします。それによって、ランディングコンテンツが変わるだけでなく、そのキャンペーンを行なう目的や役割も変わるため、指標設計や目標値（ＣＶＲかＣＴＲか、ＣＶＲの設定値をどこに置くかなど）も変わってきます。

たとえば、先ほどの車の売却検討の例で言えば、「査定」や「自動車税」といったキーワードを「車売却の検討前期のキーワード群」として1つのキャンペーンにまとめ、「買取」や「売却」といったキーワード群を「車売却の検討後期のキーワード群」として1つのキャンペーンにします。

検討前期のキーワードは、CVRは低くなる可能性がありますが、検討後期ワードに比べて入札競争はゆるいため「CPC（Cost Per Click：クリック1回あたりの費用）」は低くなる傾向にあります。ただし、今すぐに売却したいわけではないので、このキャンペーンから訪れたお客様に対しては、成果獲得は次のプロセスで行なうと割り切り、まずは来訪してもらいクッキーを付与してリマーケティングでの成果獲得を狙うか、または来訪時点で「インセンティブつきのLINE／メール誘導」で、プッシュ型の再接触を行なえるようにし、後日の獲得を狙うアプローチを取ることになります。

検討後期のキーワードは、顧客は売却直前にあり「比較検討」を行なうことを前提としているため、競合他社に対し価格が優位になる可能性があることを示唆しつつ、可能な限り、ランディングと同時のコンバージョンを狙うことになります。

検討前期、検討後期のお客様は、リスティングキャンペーンを分けることで、ランディング時に判別が可能となるため、LP（ランディングページ）やLINE誘導アクション（Web内ポップアップなど）をオートメーション（MAツールなどを使用）でコミュニケーション最適化が可能です。

また、それぞれのキャンペーンで、顧客検討段階と目的・コミュニケーションが異なるため、KPIの目標設定値も変えていきます。検討前期では、CTR、CPC、そのあとのライトコンバージョン（LINE／メール獲得）が重要になりますし、検討後期では当然ながら「CVR」が最重要な指標となってきます。

やや趣《おもむき》は変わりますが、商品詳細におけるレコメンド枠についても、単に、「支援会社のレコメンドツールをとりあえず置いておけばいいや」というわけではなく、そのページにいる顧客の検討段階をどのように判定して（仕込みが必要です）、どのような軸のレコメンドを行ない、どのような訴求メッセージを使用するのかまで考えて実行することが、成果をさらにあげていく1つの手段になります。

顧客の検討段階を意識したコミュニケーションは、集客、サイトパフォーマンス、CRMのいずれの段階においても重要な視点となりますので、ぜひ、日々の施策の中に取り入れていただけますと幸いです。

顧客に行動してほしいなら、まず行動すべき理由を提示する

Ｗｅｂサイトやアプリにおけるマーケティング活動の基本は、まずは「顧客が行ないたい行動を妨げない、先回りして行動の障壁をなくす」こととなりますが、企業として、お客様に「こちらの期待する行動」を行なっていただくことも、現実的に収益向上を目指していくためには必要となります。

「One to One施策」をおろそかにしてはいけない

この「こちらの意図する行動」を行なってもらうために、マーケティングアクションとしては主に「プッシュ型のコミュニケーション」を行なうこととなり、成果をあげるためには、

そのコミュニケーションに反応しそうな顧客を絞り込み、最も行動する確率の高いタイミングを見極めて実行する、「One to One マーケティング」に代表される、ターゲティング施策が有効となります。

One to One マーケティングとは言っても、実際に「1人1人の個々の顧客ごと」に施策を考えて実行するわけではなく、顧客をセグメント化し、そのターゲットに対する施策を実行する際に、MA（マーケティング・オートメーション）ツールなどを用いて、「名前」などを自動で差し込み、擬似的にOne to One化（お1人お1人へのコミュニケーション）するわけですが、ここに「一工夫」を加えないと、思ったような成果が出ないという「落とし穴」にハマります。

顧客に意図した行動を行なってもらうための「One to One 施策」の一般的な構成要素は次の通りとなります。

〈対象セグメント〉

その施策が狙うべき顧客の塊です。

〈行なってほしい行動〉

キャンペーンに応募するとか、特定ページを見てもらうなど。

〈行なってほしい理由〉

なぜその行動を行なったほうがよいのか？　その理由となる内容です。

〈プッシュチャネル〉

こちらから働きかけを行なうために使用する媒体。メール、ＬＩＮＥ、ＡＰＰプッシュ、ポップアップなどがよく用いられます。

〈配信タイミング〉

ターゲットセグメントに対して「一斉同報」で配信するのか、または、特定の行動を起点としてOne to Oneで配信するのかなど。

〈効果検証方法の事前定義〉

施策のＫＧＩ・ＫＰＩの設定、コントロールユーザーを用いた同条件ＡＢ検証など、あらかじめ評価指標や検証方法を定義しておきます。

〈**訴求内容、クリエイティブの設計と作成**〉

プッシュ型媒体の中身、具体的なコミュニケーション内容となります。テキストだけの場合もあれば、画像などが入る場合もあります。

要は、一般的な企画の立て方の要素である「5W1H」を設計するわけで、「誰に、何を、なぜ、いつ、どこで、どうやって」を網羅することで、ちゃんとした「施策」が出来上がることになります。

この「5W1H」に含まれる要素は、もちろんすべて重要なのですが、私のこれまでの経験から、その中でも特に**「Why（行動すべき理由）」をいかに真剣に考えて説得力を持たせられるかが、「顧客に意図した行動を行なってもらうため施策」を成功させる上で、最も重要な要素になる**と考えています。先に「一工夫が必要」と書いたのは、まさにこの部分における工夫です。

これまでさまざまな施策を見てきましたが、特にOne to One施策においては、この「Why（行動すべき理由）」の部分に対して、「あまり考慮されていないのではないか?」と疑問に感じるケースが多く、「もったいないな」と感じることがとても多いです。

正しい「カート落ちリマインド施策」とは？

では、施策における「Ｗｈｙ（行動すべき理由）」とは具体的にどのようなものを指すでしょうか？

たとえば、代表的な施策として「カート落ち　リマインド施策」を例に見てみましょう。カート落ちリマインド施策は、ＥＣなどで最も多用される鉄板の施策です。「顧客に意図した行動をとってもらうための、One to One 施策」の筆頭と言ってもいいでしょう。目的はもちろん、カートに入りっぱなしの商品を購入してもらうことです。

行動すべき理由のないカートリマインド

こちらは実際のカート落ちリマインド施策の実例ですが、「今すぐにカート内を確認しにいく理由がない、または乏しい」典型例となります（図２－１）。「お買い忘れはございませんか？」と顧客にメッセージを投げかけていますが、「今、行動すべき理由」が提示されていないという点がポイントです。

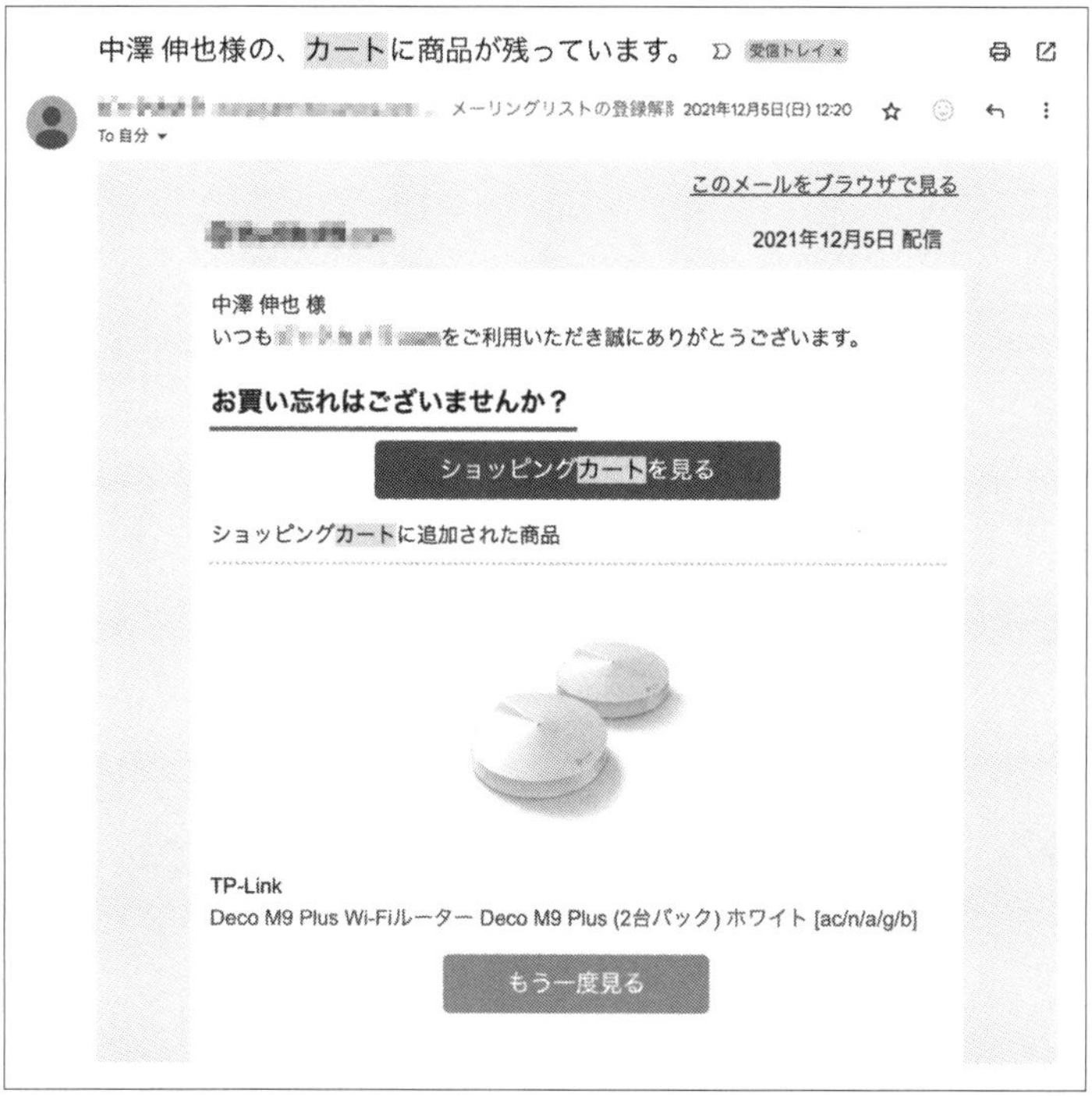
中澤 伸也様の、カートに商品が残っています。
受信トレイ ×
メーリングリストの登録解除
2021年12月5日(日) 12:20
To 自分
このメールをブラウザで見る
2021年12月5日 配信
中澤 伸也 様
いつも をご利用いただき誠にありがとうございます。
お買い忘れはございませんか？
ショッピングカートを見る
ショッピングカートに追加された商品
TP-Link
Deco M9 Plus Wi-Fiルーター Deco M9 Plus (2台パック) ホワイト [ac/n/a/g/b]
もう一度見る

図 2-1

顧客にこちらの意図する行動をとっていただくためには、「なぜ、その行動を今行なう必要があるのか?」の理由を明示する必要があります。これは別にマーケティングに限った話ではなく、そもそも人とのコミュニケーションにおいて、相手に何か行動をうながすのであれば、「なぜ、今その行動をする必要があるのか?」を伝えなければ、人は「今は」動きません。

行動すべき理由を付与したカートリマインド

先ほどのカートリマインドメールに、顧客が「今行動すべき理由」を付加してみましょう。さまざまな手法がありますが、今回は「在庫数」を使用してみます。

いかがでしょう?

赤の下線を引いた箇所が修正した部分です(図2-2)。メールですので、そもそも開封されなければ意味をなさないため、サブジェクトにも修正を入れています。今回の理由は「在庫数が少なくなっているので、買い逃しますよ」というのがメッセージになっています。

このほかのパターンとしては、次のような「理由づけ」が考えられます。

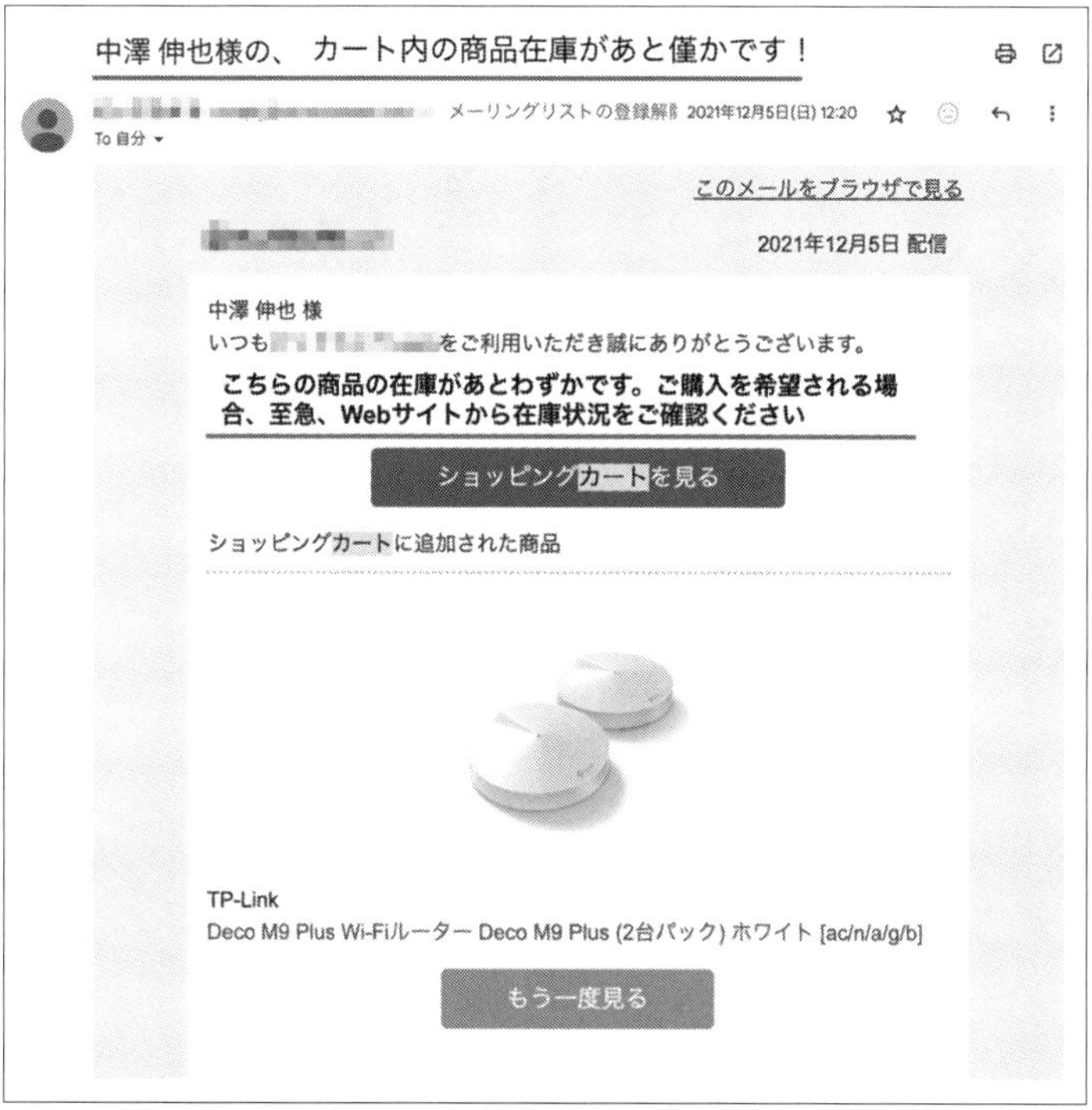
中澤 伸也様の、 カート内の商品在庫があと僅かです！
メーリングリストの登録解 2021年12月5日(日) 12:20
To 自分
このメールをブラウザで見る
2021年12月5日 配信
中澤 伸也 様
いつもをご利用いただき誠にありがとうございます。
こちらの商品の在庫があとわずかです。ご購入を希望される場合、至急、Webサイトから在庫状況をご確認ください
ショッピングカートを見る
ショッピングカートに追加された商品
TP-Link
Deco M9 Plus Wi-Fiルーター Deco M9 Plus (2台パック) ホワイト [ac/n/a/g/b]
もう一度見る

図 2-2

・価格が下がりました
・今ならポイントがアップします
・後継機種が発売されました

商品イベント起点One to Oneアプローチ

懸命な読者の方はすでにお気づきかと思いますが、このような「理由づけ」を行なって顧客を動かすアプローチを行なう場合には、そもそも「配信タイミング」自体も「理由」と整合性が取れる形にする必要があります。

つまり、単に「カート放置から1週間後」のような、カート投入を起点としたイベントドリブン・アクションを行なうだけでなく（この施策自体は行なう必要があります）、「商品状態を起点とした」イベントドリブン・アクションが必要ということです。

私はこの、商品状態の変化を起点としたイベントドリブン・アクションを**「商品イベント起点One to Oneアプローチ」**と呼んでいます。

MAツールなどを使用したOne to Oneマーケティングにおいては、一般的に「顧客行動を起点」としたアプローチがとられますが、この手法と同じくらい重要で有効性の高い施策が、「商品イベント起点One to Oneアプローチ」です。

重要にもかかわらず、意外に実施している事業者が少ないと感じています。逆を言えば、このような施策を研究していくことで、競合他社や、ほかのマーケターと比べ高い成果があげられるとも言えるので、ぜひ施策の1つに加えられることをおすすめします。

まとめとなりますが、顧客にこちらの意図する行動をとっていただくためには、「なぜ今行動しなければいけないのか?」の理由を明確に伝えることが重要であり、その理由として「顧客行動」に基づいた理由だけでなく、「商品状態やサービス状態の変化（セールなども含む）」に基づいた理由も有効に活用することが重要となります。

不快な売り場で顧客は買わない

さて、これまで「ECサイトは究極の自動販売機である」と述べてきたわけですが、もう少しリアリティをもって表現すると、「完全無人のスーパーやアパレルショップ」などのほうが、イメージがつきやすいかもしれません。

では、仮に頭の中で「完全無人のスーパーマーケット」に皆さんが初めて来店したと想像してみてください。このお店が皆さんの今日の購入を最大化させるためには、売り場作りとして、どのような要素を最低限満たす必要があるでしょうか？

一応前提として、このお店には今日あなたが購入しようと思っているすべての商品があると仮定します。

快適な売り場を作るための4つの必要条件

ビジネスにおける「必要条件」とは「これが満たされないと成立しない、困る」といった類のものです。「あったらいいな」は「十分条件」と呼ばれます。では「快適な売り場の必要条件」とは何でしょう？　私は次の4つを必要条件として掲げています。イメージが湧きやすいようにリアル店舗（スーパーマーケット）を事例に解説します。

①売り場の衛生要件が整っている

売り場の衛生要件が整っている状態とは、**お客様が「体感的に不快と感じる要素がない」状態**のことです。逆に不快な状態とは、スーパーで言えば、そもそも食品を扱うにもかかわらず「ゴミが散乱しており、すごく汚い」とか、「売り場が整理されておらず目的の商品が見つからない」や、「通路にモノが散乱しており、スムーズに歩けない」「商品が棚の高い位置にあり、すぐに手が届かない」といったような状態を指します。

お客様が「体感的に快適と感じる状態」とは、「そもそも空間がきれい」「通路が広くスムーズに歩ける」「売り場が整理されており、目的の商品群にすぐに辿りつける」「商品がすぐに手に取れる」といった状態で、これが「衛生要件が整っている状態」と言えます。

②多くの商品やサービスと接触・比較検討しやすい

これは品揃えにも依存しますが、多くの商品やサービスと接触しやすくするためには、**「1　1つの商品カテゴリー（たとえばマヨネーズ）において、複数の選択肢があり、比較検討しやすいように近くに置いてある」**ことと、**「2　関連性のある商品カテゴリーは近い売り場にあるか、お客様の買い物連想の流れと合わせる必要がある」**です。

1はイメージがつきやすいと思いますが、キユーピーのマヨネーズがドレッシングのコーナーにあり、ケンコーのマヨネーズが生鮮食品コーナーにあった場合、お客様は実質的に比較検討できません。当然、「両方の商品を手に持って、比較できる」ように、物理的に近い場所に置くべきです。

2はややイメージが湧きにくいと思いますが、お客様は商品を購入する際に「連想ゲーム」で購入商品を思い出す傾向にあります。

たとえば、マヨネーズを手に取ったお客様は、そういえば「ドレッシングも切れていたかも……、そうだ、しょう油は？　ケチャップは？」といった具合です。頭の中に「購入空間」が広がっており、連想的に思い出していくわけです。

これらの要素を満たしていない売り場では、結果的に「商品やサービスとの接触機会」が減り、また「比較検討できない」場合、「いくつかの選択肢から比較検討し、自分が納得できないと不安だ」という「購入に対する心理的ブレーキ」がかかります。

③商品やサービスの「価値」が正しく伝わっている

お客様が新しい商品を購入する場合には、多くの場合**「失敗リスクと得られそうな価値」を秤にかけて意思決定を行ないます。**よってどんなに素晴らしい商品や今日のお買い得商品であったとしても、その価値やお買い得になっている理由が正しく顧客に伝わらなければ「特売になっているのは何か裏があるに違いない」などと、疑り深い人には思われてしまうかもしれません。

また、自社が一押ししている商品に対し「今月の超おすすめ」と訴求ポップで掲載しても、その商品を「おすすめに値する、納得のいく理由」が伝わらなければ、「在庫でも余っているのかな」などと、せっかくの訴求が空振りに終わってしまうこともあり得ます。

商品やサービスの「価値を正しく伝える」ことはとても重要です。お買い得商品であれば「おいしいと評判のあのチョコレートが、メーカーの商品入れ替えにともない在庫処分の大特価」といった具合に、価値と同時に、失敗リスクが少ない理由を記載するのが望ましいです。また一押し商品であれば「明治の開発した今注目のLG２２８０乳酸菌を配合、テレビでも紹介されました」のような「失敗リスクを取ってでも、購入したくなる価値」を訴求することが大事です。

④不安と疑問を「先回りして解消」できている

卵を買おうとしたときに、もし賞味期限が書かれていなかったらどうしますか？（そんなことはないと思いますが）

また、レジで支払いに使える決済手段が掲示されてないとしたら？（現金のみかもしれません）

あるいは、野菜に産地が書かれていなかったらどうでしょう？

そのような、お客様が「購入前に感じる不安や疑問を解消」するために、スーパーではさまざまな表記がされているはずです。

家電量販店ではこの不安がもっと多く発生します。

たとえば、TV録画用にハードディスクを購入しようとした際に、「このハードディスクはわが家のテレビにつながるのだろうか?」「このWi－Fiルーターは自宅の環境で使えるのだろうか?」といったさまざまな不安や疑問です。近くに店員がいなかった場合、不安を解消できなかった顧客は、その場での購入を断念し、自宅でアフィリエイターのブログ記事などで調べ、その行動の流れで、アマゾンで購入してしまうかもしれません。

お客様はサービス提供側が思う以上に「小さなつまずき」で購入を躊躇してしまうものです。「これはさすがに説明しなくてもわかるでしょう」と思うようなことでも、意外に知らなかったりわからなかったりします。**この「小さなつまずき」が発生しそうな部分をいかに「先回りして解消」するのかが重要**となります。

ここまでお読みになって、「こいつは何を当たり前のことを言っているのだろう? 今どき、どんなスーパーだってこの4つの必要条件を満たしていないお店なんてほとんどないだろうし、売り場作りにおいて、空気を吸うように自然にやっていることじゃないか」と思われたかもしれません。では、皆さんのWebサイトや、アプリにおいてはいかがでしょうか?

快適な売り場の4つの必要条件をECサイトで考えてみる

ここまで書いてきた「快適な売り場の4つの必要条件」をECサイトに置き換えて整理してみます。果たして、皆さんのECサイトは4つの条件すべてを「顧客にとって満足のいくレベル」で満たせているでしょうか？

ぜひチェックしてみてください。

①売り場の衛生要件が整っている

〈そもそも空間がきれい〉

画面崩れが起きたり、表示後に画面がガタガタと閲覧してから組み換えられたりしない（広告枠やレコメンド枠でよく起きます）。

〈通路が広くスムーズに移動できる〉

快適な速度でWebサイトが表示される。具体的にはGoogle Speed Insightの評価で良好な基準を保てている（Googleが評価するサイト表示速度や表示揺れなどの快適性の指標）。

〈売り場が整理されており目的の商品にすぐに辿り着ける〉

カテゴリーが「顧客が選びたい軸で設計」されており、サイト内検索で「顧客が期待される検索結果」が常に表示される。

〈商品がすぐに手に取れる〉

商品一覧でわざわざクリックしなくても、選ぶのに必要な最低限の情報が一覧上に表示されている。

意外に見落とされがちですが、モバイル環境では画面遷移して戻るのを繰り返すのは相当な顧客負荷となり、思っていたのと違う商品をクリックしてしまうと、それだけで離脱要因となり得ます。

②多くの商品やサービスと接触・比較検討しやすい

商品詳細ページで関連商品カテゴリーにすぐ飛べるリンクが設置されている、対象商品と比較検討されることの多い同一商品カテゴリーの他商品が画面上に同時表示される。比較検討機能が設置されており、1ページ内で同一カテゴリー商品の比較検討が行なえる。デフォルトの商品カテゴリーやナビゲーションとは別に、室内空間やシチュエーションといった、顧客の脳内購買空間における「連想ゲーム」を想定した、カテゴリーページや特集ページが用意されている。

③商品やサービスの「価値」が正しく伝わっている

最も重要なのは、「どのようなニーズや課題を持っている人」に対して、その人が「なぜ選ぶべきなのか」という、**「選ぶべき理由」が明確に伝わること**です。また、ニーズや課題を絞り込むことは、裏を返せば「このようなニーズや課題を持っていない人には合わないかもしれませんよ」ということを暗に伝えることとなり、**「失敗リスクを避けたい」という顧客心理を満たす**ことにつながります。

単なるスペック情報だけでなく、先ほど書いた「選ぶべき理由」が記載されていると望ましく、リアル店舗のCD屋さんにおける「店員のひとこと紹介POP」などは、とても効果的です。最近では、その代替手段として「店員による商品紹介動画」を掲載しているECサイトがありますが、とても効果的な施策だと思います。

また、「使用感」や「デザイン性」が優先される商品の場合には、顧客レビューがより重要になりますが、あえて、顧客レビュー以外のテキストでの商品紹介情報を少なく抑え、「大量の画像・動画を中心に構成する」という手法をとったほうが、情報量が多すぎず、むしろ価値が伝わりやすくなる、といった場合もあるため、商品特性ごとに、「どのような方法が価値が最も正しく伝わるのか?」をよく検討する必要があります。

④不安と疑問を「先回りして解消」できている

大事なポイントは、**「初めて来訪したお客様の気持ちになり切って」**自社サイトやアプリのUI/UX、商品情報などを見直すことです。とはいえ、われわれは自社のサービスに慣れ切ってしまっているため、なかなかフレッシュな気持ちで見直すことは難しいと思います。

理想は、顧客行動観察調査などをお金をかけて行なうことですが、ご家族や友人にサイトやアプリを触ってもらい「違和感やつまずきを感じたポイント」をヒアリングする、Webログ解析の離脱ページの分析であたりをつけるなど、工夫すればいろいろな手段が見つかるはずです。

「ここかな？」と思う箇所があったら、深く考えず、まずは「施策&ABテスト」で検証してみましょう。1カ所についていくつかのパターンを試してみるのがおすすめです。とにかく、PDCAは質ではなく量です。

いかがでしょう？

皆さんのECサイトではすべての項目について「バッチリ」な状態でしたか？（はい。先生、怒らないので、バッチリじゃなかった人は、目をつぶって手を上げてください。）

また、この4条件の中で「最も重要な条件」はどれだと感じたでしょうか？

私の長年の経験からの結論は、この**4つの条件の中で最も重要なのは「衛生要件を整える」**です。

なぜならば、この条件が満たされていない売り場は、そもそも売り場として「不快」であり、ほかのすべての条件を満たしていたとしても、**「あえて、不快な売り場で買おうと思う顧客はいない」**からです。（そのお店でしか買えない、強力な商品がある場合は別です。）

たとえば、「そこそこにおいしくて、そこそこのお手頃な値段のイタリアン」があったとします。しかし、そのお店の衛生状態が見るからに不衛生で、店主が高圧的で、店の入り口がボロボロだったとしたら、普通の人は、そのお店には入らないでしょう。もちろん、その店がミシュランで3つ星を取っているとか、「そこでしか得られない貴重な体験がある」場合には別ですが。

そしてこの最も重要な「衛生要件」の中でも、特に見落とされがち、または、課題としては認識していても対応があと回しにされがちなのが、「Webサイトの表示速度」の問題です。次のコーナーでは、この**「売り場作りの落とし穴」ともいえる、「Webサイトの表示速度」**について掘り下げて説明したいと思います。

すべてのユーザーに影響を与える、Webサイトの表示速度

売り場の衛生要件の中でも「Ｗｅｂサイトの表示速度」が最も重要な理由は、**「Ｗｅｂサイトの表示速度は、すべてのユーザーの体感に影響を与える」**からです。先にも説明した通り、衛生要件が整った状態とは、「お客様が体感的に快適と感じる状態」です。レコメンド、サイト内検索エンジン、ＬＰＯ（Landing Page Optimization：ランディングページ最適化）など、Ｗｅｂサイトにはさまざまな売り場改善につながる機能が存在しますが、来訪するすべてのユーザーに影響を与える要素や機能といったものは実はほとんどなく、表示速度はその数少ない要素、改善施策であるといえます。

実際にＷｅｂサイトの表示速度が多くのユーザーに影響を与え、その結果、サイトパフォーマンス（売上やＣＶＲなど）にも影響を与えることは、Google や Akamai をはじめ、多くの調査レポートが発表されています。

そしてGoogleは、「世界中の情報を整理し、世界中の人々がアクセスできて（快適に）使えるようにすること」という使命の一環として、近年、ＳＥＯの表示ロジックの一部に、Ｗｅｂサイトの表示速度や表示のされ方といった要素を「Core Web Vitals（コアウェブバイタル）」として組み込み、全世界のＷｅｂサイト関係者に改善を求めています。

……などと、ごちゃごちゃと書いてきましたが、シンプルに皆さんも、表示速度が遅いサイトって、イラっときて、イヤですよね。

しかし、私が所属するＲｅｐｒｏ株式会社の２０２１年の調査によれば、Ｗｅｂサイト責任者向けに「Ｗｅｂサイトの表示速度に対する意識」を聞いたところ、サイトスピードの重要性を認識している回答者の割合は7割にも達していたにもかかわらず、実際に表示速度改善に取り組めていると回答した方は、わずか18％程度に留まっていました（次ページ図２－３）。

この結果から見えてくるのは、**Ｗｅｂサイトの表示速度改善というテーマは、「重要ではあるが取り組むことが難しい」**という実態です。この背景には、主に次の４つの理由が挙げられます。

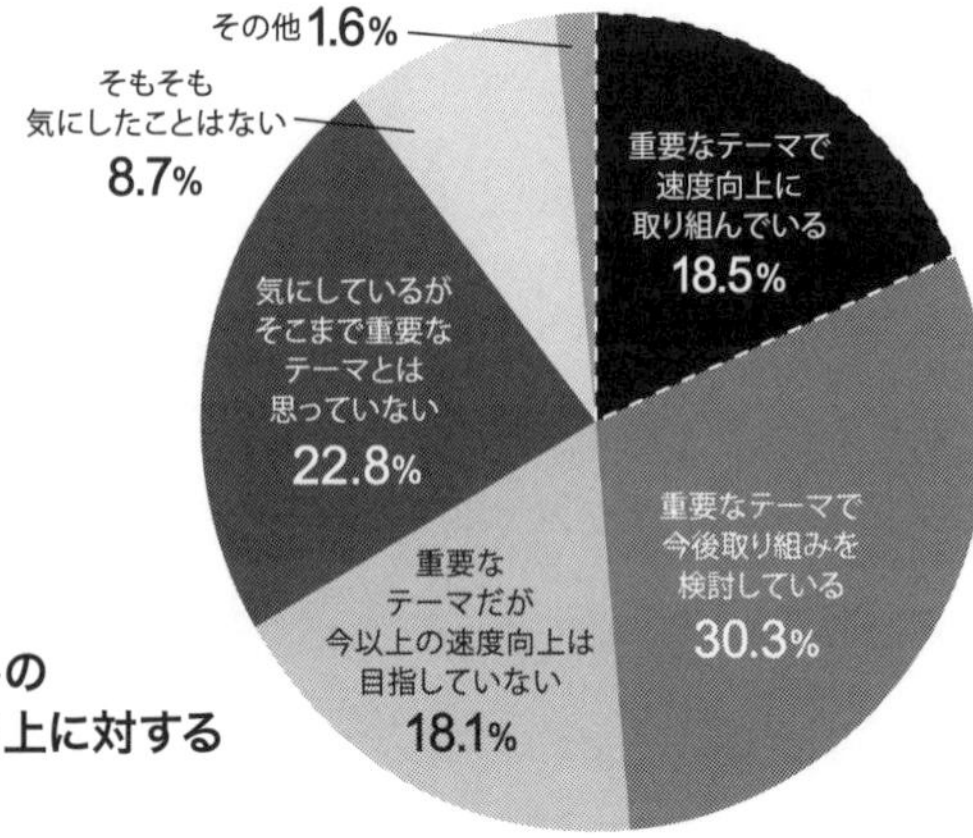

Webサイトの表示速度向上に対する意識調査

図 2-3

①何となく重要そうだが、最重要なテーマの1つとまでは思っていない

・自社のサイトが、そこまで遅いとは思っていない（顧客から見て）

・どのくらいまでの速度を目指すべきなのか、基準がよくわからない

・そもそも、売上や成果に結びつくのかよくわからない

②取り組むのに専門的な知識が必要となる

・Webサイトの表示速度に影響を与える要因はさまざまであり、専門的な知識がなければ改善が難しい

・そもそもこのような領域に精通した人材はレアであり、コンサルタントを雇わないと取り組むのが難しい

③膨大な時間とリソース、コストがかかる

・Ｗｅｂサイトの速度改善には、Ｊａｖａスクリプトの見直し、ＨＴＭＬの全体改修、Ｗｅｂサーバーなどのインフラ見直しなど、「Ｗｅｂサイト自体の抜本的な体質改善」が求められるケースが多く、本気で取り組もうとすれば、短くても半年、長ければ1年ほどの期間のプロジェクトを組む必要がある

・これがあるため、「速度改善は、サイトリニューアルまで待とう」と考える企業が多く存在する

④正確な効果検証ができない

・Ｗｅｂサイトの速度改善は長期にわたる上に、いわゆる同期間・同条件でのＡＢテストが行なえず、改善前後の期間対比しかできない。よって、がんばった成果が本当にあったのかを立証しにくく、結果、経営会議での稟議で決裁を通すのも難しい

これらを読むと、気持ちが萎えますよね……。

私も昔は、Ｗｅｂサイトの表示速度については「やべえな、いつか何とかしなければ」とは思いつつも、ここに挙げた理由から、常にあと回しにし続けてきた過去があります。

実際、ＧＤＯ（ゴルフダイジェスト・オンライン）の稼ぎ頭の「ゴルフ場予約サイト」は、お客様からたびたびご指摘が入るほど、体感的に「遅いなー」と感じる表示速度でした。それでも、実際に売上は好調に伸びていましたし、毎日、自分のＷｅｂサイトを見ている自分たちとしては、その表示速度に「慣れてしまっている」こともあって、「最優先で取り組むテーマ」とまでは認識していなかったのが実情でした。そんな考えが、あることをきっかけに吹っ飛びました。

Webサイトの表示速度改善の圧倒的な効果

ＧＤＯの予約サイトは「予約」という特性上、動的表示される要素が多く、ＨＴＭＬの組み方やＪａｖａスクリプトの問題以上に、Ｗｅｂサーバーやデータベースサーバーといったインフラ面が表示速度に大きな影響を与えていました。それゆえに、改善に取り組むのが難しい（工数的にもコスト的にも）状況でした。

そんなある日、ＧＤＯのシステム責任者が、当時では最先端の「仮想分散型ネットワークサーバー」という新しい技術に目をつけ、おそらく、ＥＣ系のサイトでは日本で初めて、その技術を予約サイトに取り入れることを決心します。

構築にはけっこうな時間とコストがかかりましたが、その正式リリースの日、われわれは目を見張ることになります。もう改善はあきらめかけていた予約サイトのスピードが、社内の誰の目から見ても「体感で約2倍」くらいで表示されるようになったのです。これには社内で歓声があがりました。やはりサクサク動くサイトというのは気分が良いモノです。

そして約2カ月後、われわれはもう一度、衝撃とともに、前回以上の歓声をあげることとなります。何と、それまで徹底的にＰＤＣＡを回しまくって、もうこれ以上は大きく伸びないであろうと思われた、予約サイトのＣＶＲが、正確な数値は忘れましたが「1・5倍くらい」に向上したのです。それもきれいに、Ｗｅｂサイト速度改善日から、グイグイぐいっと、わかりやすいグラフで。

これにはけっこうな衝撃を受けました。「毎日コツコツと必死にＰＤＣＡを積み上げてきた日々はいったい何だったのか！」と、一瞬、ヤサグレかけましたが、Ｗｅｂサイト速度向上の効果をまざまざと見せつけられた経験でした。

この経験もあり、ＩＤＯＭ（中古車のガリバー）のマーケティングを責任者として見るようになってから、さっそくＷｅｂサイトの表示速度改善に取り組もうと思い、当時のＷｅｂマスターにミッションを持ってもらおうとしたのですが、その説得に悲しいかな、半年もかかってしまいました。（しかし、この担当者はのちに、Ｗｅｂ速度改善界隈のエバンジェリストと呼ばれる人物になるのですが。）

この背景には先に述べた通り、「表示速度は何となく大事そうだと思っているが、そこまで優先度を上げて取り組むテーマとは思えない」という担当者の考えもあったのかなと思っています。

先のグラフでも説明しましたが、約70％のマーケティングマネージャーが、表示速度の重要性を認識しているにもかかわらず、18・5％の方しか実際に取り組めていません。実際、Ｗｅｂマスターは多くの仕事を常に抱えており、そのどれもが重要な仕事です。さらに、表示速度の改善は「片手間」では行なえず、高い専門性と多大な労力がかかることから、なかなか優先度を上げることが難しい課題なのです。

そして表示速度改善があと回しになりがちなもう1つの大きな理由が、「マーケターは自身のＷｅｂサイトの本当の体験、ユーザーが感じるのと同じ体感を持っていないケースが多い」という問題です。

皆さんは、普段、自社のＷｅｂサイトを「どこで」確認していますか？

セミナーでこの質問を行なうと、８割くらいの方が「会社で」と答えます。「スマートフォンではなくＰＣで」と答える方も半分くらいいたりします。

では皆さんは普段、アマゾンや楽天市場を、いつ、どこでよく見ますか？

ほとんどの人はまず、スマートフォンで見ているはずです。そして、自宅でゆっくり見る方も多いかと思いますが、けっこう、行きや帰りの中の電車で見ていたりもしませんか？

会社の恵まれた高速Ｗｉ－Ｆｉ環境とは異なり、通勤時間の電車の中は４Ｇか５Ｇで、多くの人が同時接続しているため、パケットロスも非常に多く発生し、通信速度はびっくりするくらい低速になりがちです。そのような環境の中で「自社Ｗｅｂサイトを閲覧」したときに、その体感速度をどのように感じるでしょうか。

また、自動車で高速道路を走ったあとに下道に降りると、実際の速度以上に速度が遅く感じませんか、これは「慣れ（慣性）」が働くからです。速度を遅く感じるのか速く感じるのかは、**絶対的な速度よりも「相対的な速度」に依存します。**

ではＷｅｂサイトにおいて、ユーザーにとって「標準＝慣れている」速度とはどのような速度でしょうか？

これは最もよく利用されるサイト、つまりはアマゾンや楽天市場、または毎日チェックするようなニュースアプリ、ＳＮＳということになります。皆さんのＷｅｂサイトの表示速度がユーザーにどのように感じられるかといえば、これらのＷｅｂサイトやアプリとの相対評価で感じられるということです。

Ｗｅｂサイトの表示速度改善にどのように取り組むか？

まずは、自社のＷｅｂサイト表示速度が世の中でどの程度の状況にあるのかを知ることが重要です（相対的に評価されるので）。これには、Google の「Page Speed Insight」（https://pagespeed.web.dev/?hl=ja）を用います。これにより、パフォーマンスが世の中のＷｅｂサイトでだいたいどのくらいの位置にあるのか（スコアが良いと上位）、また、表示速度を構成する各要素が「どのくらい適切なのか」といったことを確認できます。

また親切なことに、表示速度の観点から、どのような点に問題があり、どのような改善を施せば良いかも指摘してくれますので、着手できる部分から、少しずつでも良いので、改善を進めていくことをおすすめします。

Ｗｅｂサイトの面倒なところは、新しい広告ツールやマーケティングツールの導入など、常に、Ｊａｖａスクリプトの追加、ＨＴＭＬへの微妙な修正が行なわれ続ける点で、せっかく改善を行なっても、放っておくとまたすぐに表示速度が悪化していく点です。よって、常に改善をし続けなければいけないのが辛いところです。

ただ、現在ではとても便利なツールも登場しており、手前味噌になりますが（そして少し宣伝になってしまい申しわけありません）、Ｒｅｐｒｏ株式会社が提供している**「Repro Booster」（https://repro.io/products/booster/）を使用すれば、タグを1本Ｗｅｂサイトに入れるだけで、サイト改修も運用の手間もなく、導入した日からＷｅｂサイトを高速化することができます。**詳しくはホームページで確認していただければと思いますが、このツールを私たちが提供するにいたったのは、まさに、ＧＤＯやガリバーでの自分の経験がもとになっています。

繰り返しになりますが、快適な売り場の4つの必要条件の中で最も重要なのは「衛生要件を整える」ことです。そして、Ｗｅｂサイトの表示速度はすべてのユーザーに影響を与える大事な要素となります。しかし、**意外に手がつけられていない「売り場作りの落とし穴」**を、いま一度掘り返していただき、改善する必要が本当にないのかを、お考えいただければと思います。

第3章

顧客目線の落とし穴

あなたのいう「顧客」とは誰か？

マーケティングのセミナー、書籍、そして社内会議でも、マーケティングのことを論じれば、とにかく「顧客、顧客、顧客」という言葉が氾濫します。かく言う本書でも「顧客」という言葉が１００回以上は登場するでしょう。

ただ実際には「顧客」と一口に言っても、その中には多種多様な人々が含まれ、会社での会話の中で「顧客」という言葉が出てきたときに、話している人々の頭の中で想像している「顧客」の姿や定義は果たして一致しているでしょうか？

ここではまず**「顧客」を「何かしらの軸」で分類し捉えることの重要性と、どのような軸で捉えることが有用なのか、**そのヒントを、ある事例を使ってお伝えできればと思います。

顧客定義を考えるきっかけとなったエピソード

このお話は私が最も好きなエピソードで、ＩＦＩ（一般財団法人ファッション産業人材育成機構）でのデジタルマーケティング講座でも人気のお話なので、私の講座に参加したことがある方であれば、この時点で「ああ、あの話か」とピンと来たことかと思います。

ＧＤＯ（ゴルフダイジェスト・オンライン）でマーケティング部長を務めていたときに、全顧客の集客ルートとして最も稼いでいたのがメールマガジンでした。ラストコンバージョンで計測すると、全体流入経路の60％以上の売上をメルマガが稼いでおり、マーケティングチームとしては最も重要な媒体として、かなり力を入れて取り組んでいました。

ＧＤＯは少し変わったＷｅｂサイトで、１つのサイトの中に３つの異なる事業が含まれていました。ゴルフ商品を扱うＥＣサイト、ゴルフ場の予約をオンラインで行なえる予約サイト、そしてもともとが雑誌「ゴルフダイジェスト」から発展したので、ゴルフ・メディアサイト（広告事業）の３つが、１つの会員基盤の上で運用されており、一種のポータルサイトのような立ち位置でした。

よって、メールマガジンも複数種類あり、予約メルマガ、ECメルマガ、ゴルフニュース、マガジン、レッスン……と多岐にわたり、顧客は自分の読みたいメールマガジンを選択できるのですが、全部を選ぶと、何と1週間に「14本」くらい送られてくるという状態になっていました。

また現在とは異なり、メールに対する規制がゆるかったこともあり、会員登録すると「デフォルト・オン」で、基本的にはすべてのメールを取得する設定となるため、ほとんどの会員様に毎週14本以上のメールマガジンが送られていたことになります。

そんなある日、私は社長を含む上層部から呼び出しをくらいます。

ドキドキしながら会議室に行くと、そこには経営陣と、クレーム対応を担当するCS部門の部長が明らかに怒り心頭のご様子でお座りになっておりました。

(これ以降、若干の脚色が入ります。悪しからず。)

「中澤君、うちは会員様に毎週何本のメールマガジンを送っているのだね？（社長）」

「えっと、そうですねー、だいたい10本から14本くらいです」

「中澤君、1週間は何日あるか知っている？（誰か偉い人）」

「はい、7日間です」

「7日間に14本も送ったら、1日2通届くことになるよね、これっておかしいとは感じないかい？」

「また、最近、楽天市場がメール送りすぎで問題視されていて、世の中的にも、メールマガジンは送りすぎると逆効果だというのが、セオリーになりつつあるのも知っているよね？」

「はい。まあ、あれは、CRMツール（MAツール）を売りたいベンダーが、One to Oneメールを流行らせようという意図があって、メディアを使ってトレンドを仕掛けていると、私自身は考えていますが……」

「今日ここに来てもらったのは、メールマガジンについて、お客様から実際に多くのクレームが入っており、CS部門から問題提起があったからだ（CS部門の部長から、すごくにらまれる）」

「世の中のトレンドというだけでなく、われわれは顧客第一主義を大事にしている。多くの顧客からクレームを受けているメールマガジンについて、適切な配信本数に見直してほしい」

「えっ？　でも、メルマガ経由の売上は全体売上の6割ですよ。それを下げろということですか？　メルマガの本数を落としたら確実に全体売上も下がりますが」

「全体の売上を下げないように、どう実現するかを考えるのが、君の仕事じゃないのかね？　そもそも顧客が今の配信本数を望んでいない以上、売上にも、LTVにも、大きな影響はないとも考えられるのではないかね？」
「はあ、……」
「とにかく、まずは検討を開始し、具体的にどうするか、早急に回答を持ってきてくれ」
「はい、了解しました」

とまあ、こんな具合にお叱りを受けまして、メールマガジンの配信本数をいかに減らすのかを検討することになったわけですが、正直、私の心の中はモヤモヤした状態でした。

確かにこの当時、ちょうどCRMツール（今でいうMAツール）が流行り始めていた時期で、世の中的にも「メルマガはもう古い、時代はOne to Oneメールだ」といったことが喧伝されており、ネットの事例や記事を見ても「One to Oneメールはメルマガの5倍のCVRを叩き出した」的な情報が溢れていまして、「メルマガ大量配信＝悪」みたいな雰囲気が醸し出されていたのですよね。

ただ私としては、そもそもメルマガとOne to Oneメールでは、媒体としての役割も効果も違うと考えていまして、メルマガはいわば毎週特定の曜日に定期配信される折込チラシのような存在で、One to One メールは不定期に届くDMのような存在であり、確かに One to One メールは、その「1回の配信の効果（正確には効率）」はメルマガよりははるかに高いものの、そもそも「配信ボリュームが少ない（なぜなら One to One だから）」ために、売上全体に与える影響は限定的で、やはり大量配信されるメルマガには絶対的な売上量で遠く及びません。また、そもそも One to One メールは、長期的な関係性を維持するために使用するのが主目的であり、私としてはどちらが良い悪いということではなく、「どちらも重要」という立場でした。

そして何よりも引っかかったのが「お客様が望んでいない、顧客第一主義がうんぬん」という部分でした。「お客様が望んでいない」という言葉は、まさに水戸黄門の印籠《いんろう》そのもの。誰も反論できない、必殺の言葉です。

ただ……、**ここで言う「顧客」とは、いったい誰のことなのでしょうか？**

そして本当にお客様が望んでないとしたら、なぜ、メルマガからあれほどの売上が生み出されているのでしょうか？

顧客との関係値によって正義は変わる

さて、モヤモヤ感を抱えていた私は、「本当に会員様はメルマガを減らしてほしいと思っているのかな？　うーん、そうだ、直接聞いちゃおう」と思い立ちまして、フォーカスグループ・インタビュー」を行なうことにしました。

このとき、ある仮説が自分にはあり、顧客を次の3つのグループに分けてインタビューを行なうことにしました。

〈第1グループ〉（ときどき会員）

年間利用回数1～2回、人数構成比約50％、年間売上構成比約10％

〈第2グループ〉（そこそこの会員）

年間利用回数3～5回、人数構成比約30％、年間売上構成比約30％

〈第3グループ〉〈お得意様〉

年間利用回数5回以上（平均20回くらい）、人数構成比約20％、年間売上構成比約60％

（ここから先は臨場感を感じていただくために、だいぶ脚色が入ることをお許しください。）


まず、最初は、第1グループのお部屋です。

事前に「メルマガについてヒアリングさせてください」とお伝えしていることもあり、CS部長の話から「ご立腹の会員様も多い」と聞いていたので、正直、「イヤだなー」と思い、「いっそのこと部下に任せるか」などと不埒な思いも頭をよぎりはしましたが、お叱りを受けるのであれば、なおさら自分が矢面に立たねばと、勇気を奮ってインタビュールームに入りました。


部屋に入った瞬間にいただいた第一声は、「メルマガを送っている責任者はお前か？」というお言葉でした。

はい、すでにお怒りモードでした。「あなたね、1日にメルマガを何本も、毎日送るとか、非常識じゃないの？」「登録した覚えもないのに勝手に送ってくるなよ（まあ、確かにデフォルト・オンなのでそう言われても仕方ないのですが）」「今すぐ止めてくれない」などなど、まあ、散々な言われようでして、心がポキリと折れる音が聞こえたことを今でも覚えています。

次に向かったのが第2グループのお部屋です。もちろん足取りが鉛のように重かったのは言うまでもありません。

こちらのルームでは、紳士的に、そして諭すように、「あんまり送りすぎるなよ」と言う趣旨のお言葉を、いろいろな表現の仕方でいただきました。

「うん、GDOのメルマガ、内容もいいよね。でもね、あんまりたくさん送られてくると、ほら、ほかのメールが埋もれるとか、メールボックスもいっぱいになっちゃうし」「まあ、節度を持って送ってくれたらうれしいかな」とか、そんな感じのお言葉でした。

優しげなお言葉の裏に「あんまり送りすぎないでね」という心の圧が聞こえてくる。そんな雰囲気でした。

いよいよ第3グループです。このグループはいわゆるGDOにおけるロイヤル顧客に位置づけられます。実は、ヘビーなクレームというものはたいてい、このロイヤル顧客／お得意様から発生するものでして。GDOを愛してくれているからこそ、いざ期待を裏切ると厳しい愛の鞭として、ハードクレームに発展しやすい会員様たちでもあります。

もはやこの時点では、「どうやって逃げようか……、もうインタビューなんてなかったことにしちゃおうか……」とか、暗い気持ちでいっぱいで、インタビュー前にランチの時間があったのですが、牛丼一杯くらいしか喉を通りませんでした（もちろん、特盛りで）。

そして、そんな重い足取りで（そして満腹で）向かった第3ルーム。いただいた第一声は……もちろん、お叱りの言葉でした。

「メルマガの本数が足りない！（プンスカ!!）」

「はい？？」

（……正直、一瞬何を叱られているのかわからなかったのですが、どうやら「メルマガの本数が少ないこと」にご立腹のご様子。）

「俺はさ、あのメルマガ、特に予約のメルマガをさ、楽しみにチェックしているのだよ。1日1本とかじゃなく、4回くらい送ってくれよ」

「あー、俺はレッスンメルマガが好きでさ、あれを参考にして練習とかしているので、もう少し頻繁に送ってもらえないかなー」

そう、ロイヤル顧客の皆様は、むしろメルマガの本数アップを望んでいたのです。

この教訓から何が得られたかというと、**「顧客との関係値によって正義は変わる」**ということです。「顧客はこう言っている」「顧客はこう感じている」という言葉は、その顧客と自社との関係値によって、その意味や文脈は大きく異なってくるということです。

CS部門はあらゆる顧客からのクレームに晒されています。そして、このメルマガの例で言えば、最も人数の多い「ときどき会員様」がメールマガジンに対して最もネガティブな感情を抱いており、当然、CS部門から見れば、その声が「多くのお客様がそう言っている＝正義」となるわけです。（その意味では、大変なご苦労をかけてしまったことを、申しわけなく思っています。）

しかし、会社にとって最も重要な顧客とは誰でしょうか？　それは、わずか2割で売上の6割を占めるロイヤル顧客、つまり「お得意様」のはずです。

こんなことを言うと怒られるかもしれませんが、私はすべてのお客様が等しく大事だとは考えていない人間です。自社を愛してくれており、自社の経営や成長を助けてくれる「お得意様」こそが、最も大事な顧客であると思っています。よって、**耳を傾けるべきは「お得意様の声」**であると考えます。

後日、この件を経営陣に報告させていただき、一部デフォルト・オプトイン（事前許可）を変更するなどの改善は加えましたが、結局、メルマガの本数を減らすことは行ないませんでした。

さて、この事例から皆さんは何を思われたでしょうか？

もちろん、感じ方や捉え方は、人によってさまざまかと思います。ただ、「顧客」を論じるときには、ほんの少しでも、この話を思い出していただけたらうれしいなと思う次第です。

顧客の目は何を見ているのか？

多くのマーケティングに関する書籍やセミナーで、「顧客目線」や「顧客視点」の重要性が説かれています。皆さんもよく見聞きするのではないでしょうか。

では、実際にお客様の目線はいったい何を見ているのでしょうか？

お客様の目線の先にあるものを勘違いしてしまった場合、「顧客目線の落とし穴」にハマってしまうかもしれません。

お客様の目線の先にあるもの

皆さんはお店（小売店）に行くときに何を目的に行きますか？「何となくフラッと寄ってみた」というのはかたわらに置いておくとして、何かしらの目的を持ってお店に来店するシチュエーションを思い浮かべてください。

お店に行く目的、それはほとんどの場合、「商品を知る・選ぶ・購入するため」ではないでしょうか？　それは、リアル店舗に限らず、ＥＣサイトや、ショッピング系アプリを利用する場合も同様です。

つまり、**お客様の目線の先にあるもの、それは「商品である」**ということです。

多くの場合、**お客様は「商品」を通じて皆さんのお店やサービスとつながっている**はずです。ＳＰＡ（製販一体小売業）であれば、実際に購入した商品を使用して、気に入ったからこそ、リピートしてもらえます。商品が気に入らなければ、どんなに高度なＣＲＭ戦略を行なったとしても、お客様は戻ってきてはくれないでしょう。

仕入型小売業であれば、そのお店の品揃えや価格が気に入ったからこそ、リピートしてくれているはずです。品揃えも価格も自分のニーズにマッチしないお店であれば、次からはほかの店舗で購入するのではないでしょうか。

「顧客は商品を通じてお店やサービスとつながっている」にもかかわらず、ほとんどのセミナーや書籍において、この「顧客に対する商品戦略」の話題は出てきません。

「顧客目線」や「顧客視点」が語られる場合、その対象はほとんどの場合、UI／UX、集客、CRMといったテーマで語られます。もちろんこれらも重要なテーマです。しかし、先ほども述べた通り、「顧客と商品のつながり」をそもそも作り出せなければ、それらの施策は意味をなさないことになります。

私は過去に数回、**「顧客商品戦略（MD）」**の話を中心にセミナーを行なったことがあるのですが、ありがたいことに、大きな反響をいただけました。その際に一番多かった声が「今まで、今日のような話をほかのセミナーで聞いたことがない」「こんな大事なことなのに、何で顧客商品戦略に関する書籍がないのですか？」といった声でした。

その背景には、セミナーを主催するベンダーや、マーケティングにかかわる人の多くが、「商品戦略（MD：マーチャンダイジング）」の経験がないことにも起因するのかもしれません。序章の自己紹介でも書きましたが、私は幸いなことに店舗もMDも経験していたことから、普通に顧客と商品を結びつけて戦略を立ててきました。でも確かに、カンファレンスなどでご一緒した方たちとお話ししたときにも、「顧客商品戦略」に関する会話を振ると、あまり盛り上がらないことが多かったと記憶しています。

ただ、最近は少し状況が変わってきたようです。店舗出身者やMD出身者のマーケターが増えてきたと感じており、これからお話しする内容も、もう少し市民権を得ていくことになるのかもしれません。

「顧客商品戦略」を本気で語ろうとすると、それだけで1冊の本になってしまうので、誌面の都合上、ここでは、そのほんのさわりだけを紹介します（まずは、関心だけでも持っていただきたいので）。

もし、読者の皆様からの反響が多ければ、改めて書籍化を検討したいと思います。

顧客商品戦略、LTVは商品（品揃え）に左右される

「顧客商品戦略」は、SPA（製販一体型小売業・主にブランド）と、仕入れ型小売業とで、

若干やり方や力点が異なるため（共通点も多いです）、ここではわかりやすさを優先し、仕入れ型小売業を軸に解説をしていきます。

また「顧客商品戦略」にはさまざまなテーマや手法があるのですが、今回は**「LTV最大化を目的に、品揃えの幅と深さをどう設計するか」**というテーマについて、ざっくりとした概要を解説します。ただこの書籍をお読みの読者の多くは、品揃えをコントロールできる立場にない方も多いと思いますので、その場合には、商品の露出や、集客にどう活かすかという観点でお読みいただければと思います。

まず大前提として、世の中のすべての顧客を満足させるような品揃えは不可能です。同様に、すべての顧客を満足させる商品も存在しません。**品揃えも商品も、それを求める「誰かしら（たち）」にとって満足を与えるもの**であり、この誰かしら（たち）を**「ターゲット顧客」**と呼びます。

そして「顧客ターゲット」を広く設定すればするほど、その店舗の「特色」は薄まり、誰にとっても「あればあったでいいけれど、別にそのお店でなければいけないというわけでもないし」という風に**「顧客がそのお店を選ぶべき理由」**が失われていきます。

逆にターゲットを狭く絞り、そのターゲットに向けて品揃えの幅や深さを追求していくと、そのお店の「特色」は強まり（つまりエッジが立つ）、それを求める「誰かしら」にとって強烈な「そのお店を選ぶべき理由」が発生し、「なくてはならないお店」となります。しかし、ターゲットを狭くする分、市場全体の中で「狙える顧客数」は減少します。

ここでマーケターとして最も重要になるのが**「自社のターゲット顧客は誰か？」を明確にすること**です。できれば「文章」として記述し（ペルソナ像）、マーケティング部のメンバー全員で共通認識化することをおすすめします。

すでに会社自体やＭＤ側が明確なターゲット像を定義している場合は、それを利用すればよいのですが、その定義が「ふわっと」していたり、決まってなかったりする場合には、マーケティング側で定義し直す必要があります。ここで重要になるのが、先ほどの**「あなたの言う、顧客とは誰か？」**でも書いた**「顧客の定義」**です（126ページ）。

今回は「ＬＴＶの最大化」を目的にしているわけですから、この顧客の定義は「お得意様（ロイヤル顧客）」を選択することになります。自社の顧客のＬＴＶを顧客別に集計してみればわかりますが、ほとんどのサービスにおいて、上位20％程度のお得意様が、全体ＬＴＶ（一定期間の顧客売上の総和、3年程度で見るのが一般的）の50％から多ければ70％程度を占めているはずです。

そして、顧客が商品を通じてお店やサービスとつながっているという前提に立つのであれば、その品揃えは、**あなたのお店にとって最も大事なお客様、「お得意様」にとって最適化されるべき**です。なぜなら、お得意様は、あなたのお店の品揃え（とコストのバランス）を、競合他社よりも気に入っているからこそ「選び続ける理由」が発生し、お得意様になってくれているはずだからです。

「自社のお得意様がどのような人たちなのか」を明らかにしなければ、ターゲット顧客として明文化（ペルソナ化）することはできません。そのためには、お得意様の顧客像を明らかにする作業が必要になります。

もしお得意様が、会員ランクなどからすでに明らかである場合には、それを対象とします。そうでない場合は、LTV上位20％の顧客を対象とします。

性別、年齢、お住まいの地域など、顧客マスターから取得できるデータだけでなく、理想はフォーカスグループインタビューや、アンケート調査を行ない、できるだけリアルな顧客像を捉えることです。そうすることで、実際のマーケティング活動を行なう際に、具体的な施策にこの結果を利用できます。

お得意様像が明らかになったら、お得意様が購入している商品の特性を明らかにしていきます。どのような商品群の存在が「自社のお客様が選び続けてくれる理由」になっているのか？　どのような商品群をきっかけにお得意様は、自社の顧客になってくれたのか？　その理由も含め、データ分析と、先に行なったインタビュー調査の結果も使って、ある程度の想像力で補いながら仮説を立てていきます。

ここまでくれば、具体的な戦略・戦術・施策に落とし込んでいくことが可能となります。品揃えをコントロールできる立場であれば、これまでの調査で得た示唆をもとに、品揃えの幅や深さを設計していくことになります。特に、**「お得意様が利用し続けてくれている理由」に該当する商品カテゴリー**は、戦略商品カテゴリー（カテゴリーマネジメントで定義される、ディスティネーションカテゴリー）として、**競合に負けない品揃えとコストバランスが要求されます。**

品揃えをコントロールできない場合、2つの方向で示唆を利用することが可能です。具体的には**「将来のお得意様を獲得するための集客戦略」**と、**「リピートしてもらうための戦略」**

です。イメージが湧きにくいと思うので、実際の事例をもとに説明します。

戦略商品カテゴリーをマーケティング施策に利用する

ＧＤＯ（ゴルフダイジェスト・オンライン）において、先に書いてきたような「お得意様分析」を行なった結果、いくつかの「特徴的な顧客グループ」が見つかり、その中の１つに、「ゴルフの腕前を上げることに熱心ながらも、ゴルフ・スコアはゴルフクラブ（ドライバーなど）による影響もけっこう大きい」と考える「40～50代中心、男性、平均スコア90～１００くらい」といった顧客グループがいました。

この方たちの購買傾向を分析すると、高頻度でゴルフクラブを買い替えていることがわかり、購入タイミングや行動分析の結果から、土曜日の夜や日曜日の夜、平日では月曜日に頻繁に商品を閲覧しており、閲覧した週の金曜日に購入する人が多いという傾向が見えました。

ここで想像されるのが、土曜か日曜日にゴルフ場でゴルフをプレイし、その結果が納得のいくものでなく、自分の腕前はちょっと脇に置いておくとして、何かしらの道具（ゴルフギア）に疑問を持たれた（しっくりこないとか、コイツのせいとか）、そこで「買い換えよう」といった行動です。

そこでさらに、この購買行動にフォーカスして分析を掘り下げていった結果、ある商品カテゴリーが、特にこの行動に当てはまることがわかりました。それが「ウエッジ」と呼ばれるゴルフギアです（図3－1）。

ゴルフをご存じない方にとっては「ウエッジってナンジャラホイ」という感じだと思いますが、ウエッジとは、「サンドウエッジ」とか「ピッチングウエッジ」とか、場面ごとに最適な種類が数種ある上に、細かく、打つところの角度が違ったり、握る部分の太さやら、硬さやら、とにかく無数の選択肢のある商品です。しかも、打ったボールがバンカーに入ったり、深いラフ（茂み）に入ったりと、簡単に言うと「けっこう、困った場面で使うことが多い」商品だったりもします。

そのため、「自分にしっくりくるもの」を見つけるには、永遠の探求が必要な（つまり、なかなかしっくりくるものに出合えない）、道具のせいに、一番したくなる「槍玉に上がる商品」だったり、といったら言いすぎでしょうか。（ゴルフ愛好家の皆様、偏見に満ちた、適当なことを書

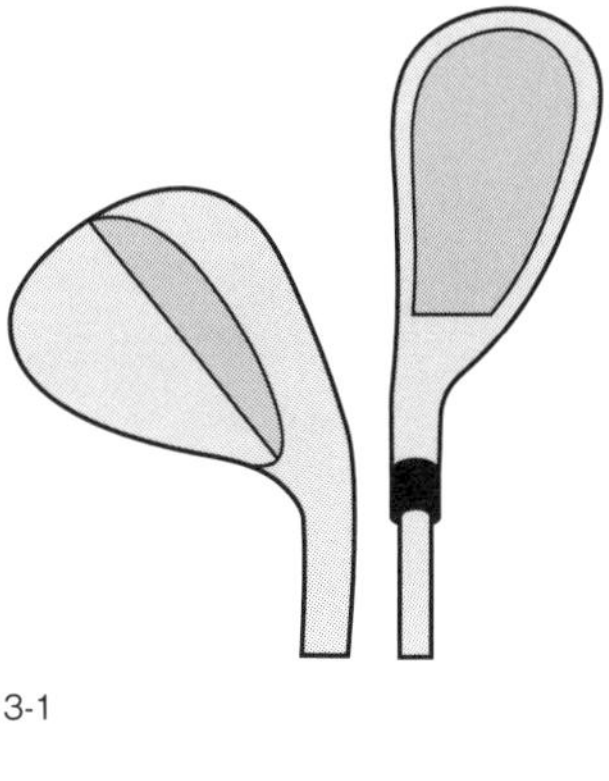
図 3-1

いてすみません。）

この分析結果を受けて、このお得意様セグメントについては、「ウエッジがLTVのマジックナンバー的な商品ではないか」と仮説を立て、お得意様と、もう少しでお得意様になりそうな、似たような行動をとっている顧客に対し、一番モヤモヤしているであろう、日曜日の夜、そして購買意思決定をする金曜日のお昼に、「あなただけ特別にお知らせします。ウエッジを特別価格で買い替えませんかオファー」のメールを出すことにしました。

いわゆるセグメントを特定した上での、イベントドリブン（行動起点型）メールの実施施策を行なったわけですが、結果は良好で、メール自体のCVRはもちろんのこと、その後の追跡調査でLTV向上にも寄与したことが確認され、仮説の正しさが立証されました。

以上、**「顧客商品戦略の1つである、リピートしてもらうための戦略」**について解説させていただきました。

もう1つの**「将来のお得意様候補を獲得するための集客戦略」**については、「序章　本書におけるマーケティングの定義」の「戦略MD」の項目で、ドラッグストアにおける「卵と牛乳（スーパーより安値に設定されていることが多い）」の戦略を紹介しておりますので、そちらを参照していただければと思います（19ページ）。

顧客のインサイト（insight）に働きかける

ハラスメントにうるさい時代に、こんなことを書くと、怒られてしまうかもしれませんが、男性がダンディ・ハウスのようなメンズ・エステに通うとしたら、その目的は何だと思いますか？

仮にアンケートを取ったとしたら、「肌をきれいにしたい」や「気持ちがリフレッシュする」とか、「カッコ良くなりたい」という回答が多いかもしれません。

ただ、本当の理由、もっと**心の奥底にある根本的な欲求**はどうでしょうか？（男性の方は、胸に手を置いて、心の中でそっと答えてくださいね。）

ぶっちゃけた話、**「モテたいから」**じゃないですかね？

第1章でアンケートの話にふれたときに「顧客は無意識に嘘をつく」という説明をしましたが、多くの場面において顧客は「自分の本当の欲求」を認識、言語化することが苦手です（60ページ）。なのでアンケートに答えたり、質問に答えたりするときは、「本当の欲求の上にある、言語化できる、顕在化されたニーズ」を答えてしまう傾向にあります。

この、顧客が言語化できる「顕在化した欲求」を「ニーズ」と呼び、言語化が難しい「潜在的な真の欲求」のことを「インサイト（Insight）」と呼びます。

そして顧客は本来、この「潜在的な真の欲求」を解消したいという動機から「行動」しているため、「顕在化されたニーズ」を鵜呑みにしてマーケティング活動を行なってしまうと、「顧客目線の落とし穴」にハマることとなります。

「ニーズを捉える」の落とし穴

顧客インサイトの事例として、世界トップのマーケティング企業であるP&Gの「ファブリーズ」の話はあまりにも有名です。

P&Gは商品開発、そしてマーケティング（最重要なのは訴求コンセプト）を企画するにあたり、徹底的な顧客調査を行なうことで知られています。「ファブリーズ」においても例外でなく、調査、テストマーケティングを繰り返し、やがて「日常のイヤな臭いを消す」というう、訴求コンセプトが生み出されます。ファブリーズの製品としての優れた点は、「無色」かつ「安価」で「布」などにも使え、「日常使いでき、生活のさまざまな場面の臭いを素早く消せる」点にあります。「日常のイヤな臭いを消す」という訴求コンセプトは、まさにこの「製品価値」をシンプルかつわかりやすく消費者に伝えることができる、優れたコンセプトであり、P&Gのチームも成功を疑わなかったそうです。

そして、「日常のイヤな臭いを消す」という訴求コンセプトに基づいて、「タバコの臭いなど、服についた臭いを消すイメージ」や「ソファやカーペットからペットの臭いを消すイメージ」などのテレビCMが生み出され放映されました。

しかし結果は、惨憺《さんたん》たるものだったそうで、チーム一同「ショボンぬ」しながらも、再度、消費者への訪問調査などを強化しその理由を探ったところ、ペットを飼っている家庭も、自宅でタバコを吸う家庭も、家族自体が「その臭いに慣れてしまっている」ために、たいして気にしてないことがわかったそうです。

つまり、「日常のイヤな臭いを消す」というコンセプトの、「日常のイヤな臭い」自体が、消費者にとってはあまり気にならない問題であったということです。

そして調査の中で、ある特徴的なファブリーズの使い方をしているヘビーユーザーたちがいることが見えてきました。その行動とは、「母親が部屋の掃除を終えたときに、最後の締めくくりとして、ファブリーズをプシュッとやっている」というものでした。なぜそのような行動をとるのかをヒアリングすると「掃除を終えたあと、ご褒美や祝福のような気持ちでスプレーを吹きかける」というものだったそうです。

この調査でわかった**「顧客インサイト（Insight）」**は、**「ご褒美」**や**「リフレッシュ」**といったキーワードになります。

このインサイトをもとにした新たなテレビCMは、「掃除が終わった清潔な部屋や、整え終わったベッドに、最後にファブリーズをスプレーして、その香りを楽しむ」といったイメージで作成され放映されました。その結果は、わずか2カ月で売上倍増、その後の大ヒットは皆さんの知るところです（出所：ecco のスタッフブログ「人を動かす隠れた心理「インサイト」の見つけ方」 https://ecco.co.jp/blog/insight-esession/）。

この事例から、「ニーズだけを鵜呑みにすることのリスク」と、「顧客インサイトとは何か」について、少しでもイメージをつかんでいただければ幸いです。

とは言え、ここでインサイトの解説が終わってしまっては、Ｗｅｂメディアなどでいくらでも読める無料記事やセミナーと変わりません。ここからはあまり世の中で触れられることのない、インサイトの本質につながるお話をさせていただければと思います。

状況ターゲティング

皆さんはダイエットをしたことはありますか？

私は何度も挑戦しては挫折を繰り返し続けている、ある意味「ダイエット（挑戦）」のプロです。

ダイエット中、運動し、できるだけ食事にも気をつかって、何なら体重記録なんかもしちゃったりして、毎日の努力を続けている中で、ある日突然、「もお、ええわ！ 今日は死ぬほどカツ丼食うぞ！」とか、「あー、今日はケーキ食いまくりたいです！」とか、「今日だけだから」と心の中で念仏を唱えつつ、暴飲暴食した記憶はありませんか？ そして翌日からまた、昨日食べてしまったカロリーを消費すべくダイエットに励むわけですが。

このダイエット期間中の皆さんに「今日は、どんなランチを食べようと思っていますか？」とアンケートを取れば、おそらく多くの方は「糖質控えめのもの」や「カロリーが少ないもの」、と答えるでしょう。また、「糖質ゼロパーセントなのに、食べ応えもたっぷり！」みたいな商品が目の前に出され、その商品への感想を聞かれれば「すごく良い」と答えるかと思います。

この反応は、「痩せたい」という「今の顕在化したニーズ」、そして「モテたい」や「健康になりたい」といった「今の潜在的欲求、インサイト」が背景にあります。

ただどうでしょう？　心の奥底には「あー、腹一杯、ガッツリ食いてー」という、潜在的欲求も沸々と渦巻いており、ある日、上司に怒られたり、何か仕事がうまくいかなかったり、逆におめでたいことがあったときなどに、「ストレスを解消したい！」や「普段満たされない欲求を満たしたい」といった欲求に心は支配され、先に述べたような暴飲暴食に走ってしまう方も多いと思います。

そうです。**インサイトは「状況（シチュエーション）」によって変化する**のです。

ここに「顧客インサイト」を捉えることの難しさがあります。マーケティングでは「顧客をセグメントして、ターゲットにあったコミュニケーションを行なったほうがいいよ」という、当たり前の基本があるわけですが、これを実践するためには、多くの場合、顧客の行動データや購買データを用い、「こういう嗜好性を持ったセグメント」といったものを作り、それに向けて広告やCRMなどを行なっています。

これらの手法を用いた場合、ここまで挙げてきた顧客たちは「ダイエット顧客」といったセグメントに分類されるはずです。

なので、これらの顧客に対しては、「糖質ゼロパーセントなのに、食べ応えもたっぷり！」のような訴求が刺さるはずですが、顧客の置かれている状況によっては、この訴求は機能しないことになります。

そして実は、**強い欲求というものは「状況の変化や発生にともない生まれる」**ことが多く、より効果的な施策を打とうと思えば、この**「状況をターゲティングする」**ことを意識する必要があります。

とは言え、それほど難しい話ではなく、皆さんが普段からやっていることです。重要なのは、自分が何をやっているのか、その本質をしっかりと認識することであり、この認識ができると、そこからさまざまなアイデアや、より効果的な施策を生み出すことができます。

具体的には、次のようなことです。

- **学生が新社会人になり、初めての独り暮らしで引っ越しを行なう**
- **何かイヤなことがあり、むしゃくしゃしている**
- **長時間、高速道路を運転しており、眠気が襲ってきた**

これらは「状況セグメント」であり、「新社会人」や「独り暮らし」といったセグメントとは異なることが、感覚的にわかると思います。

これらの「状況（シチュエーション）」において、どのような「インサイト」が発生し、「ニーズ」として顕在化するのか？　そのように考えると、自ずと「企画する製品やサービス」、そして、「訴求コンセプト」も変わってくるかと思います。

また、先ほどのダイエットの事例のように、「ダイエット中……痩せたい」という、ベースの欲求がある顧客が、ある状況で「ガッツリいきたい……ストレス解消したい」という、

ベース欲求と二律背反する「状況インサイト」が生まれるような場合には、「免罪符を与える」というテクニックが有効です。具体的には、ビッグマック黒烏龍茶セットです。次のページの図3－2をご覧いただければと思います。

さすがはマクドナルドですね。「痩せたい」というベース欲求に対する「今日はガッツリいきたい」という二律背反するインサイトを、「黒ウーロン茶を飲めば帳消しになるよ（たぶん）」という「免罪符」で、見事に解消しています。

「黒ウーロン茶を飲んだからって、大丈夫なわけないだろう！」と、頭ではわかっていても、「でも、ひょっとしたら……というか、ＯＫってことにしちゃおう」という悪魔のささやきに負けて、意外に食べてしまうものです。（私ならば光より速く悪魔に負けます。）

ここまで説明がやや抽象的な話となってしまいました。もう少しうまく説明したいのですが、インサイトや状況ターゲティングの話は説明が難しいのですよね。実際に施策を一緒に企画したりするときに、ＯＪＴ形式で説明すると、スルッと、理解していただけるのですが……。もっと精進して、うまく説明できるようにがんばります！

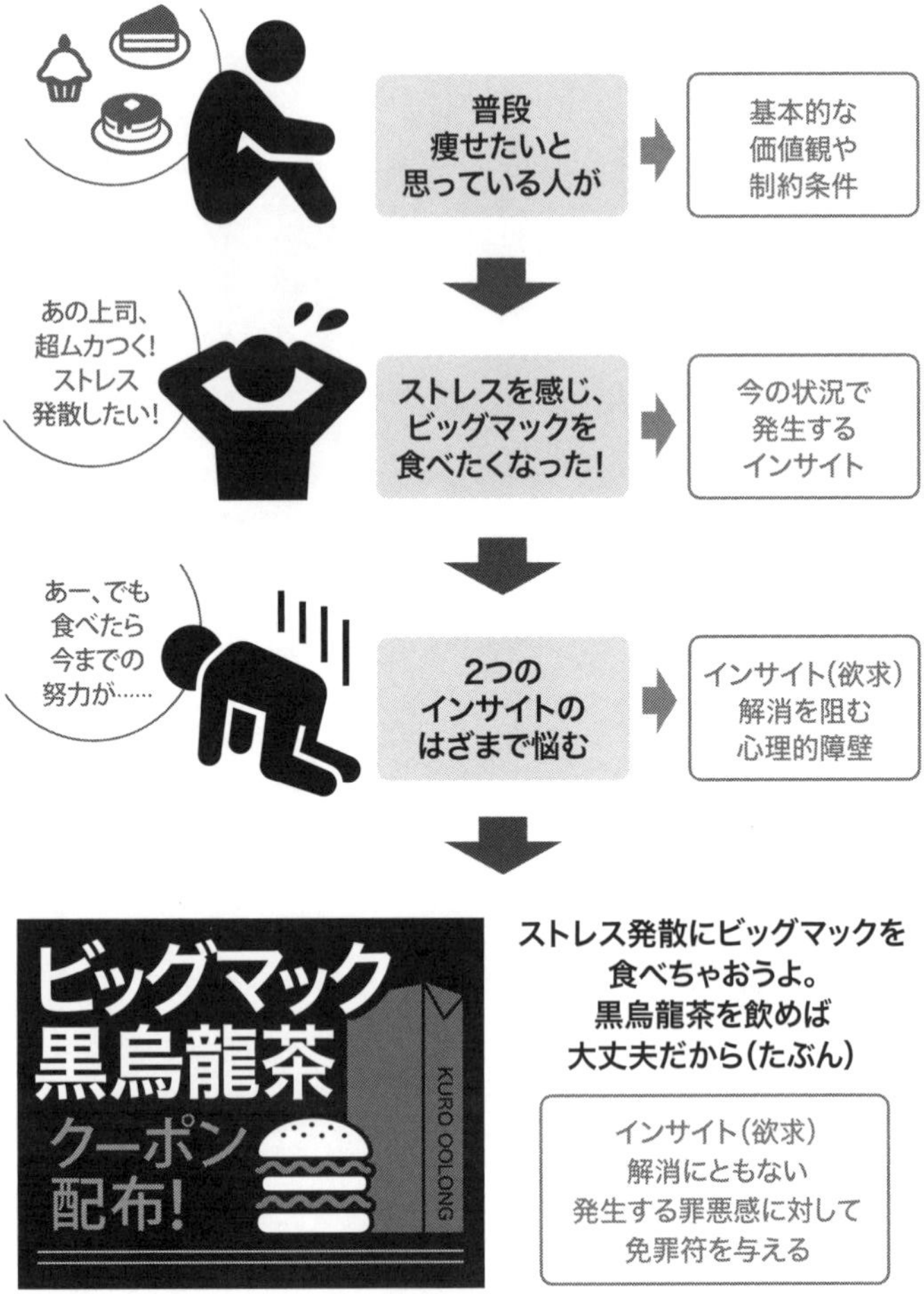
普段
痩せたいと
思っている人が
基本的な
価値観や
制約条件
あの上司、
超ムカつく！
ストレス
発散したい！
ストレスを感じ、
ビッグマックを
食べたくなった！
今の状況で
発生する
インサイト
あー、でも
食べたら
今までの
努力が……
2つの
インサイトの
はざまで悩む
インサイト（欲求）
解消を阻む
心理的障壁
ビッグマック
黒烏龍茶
クーポン
配布！
KURO OOLONG
ストレス発散にビッグマックを
食べちゃおうよ。
黒烏龍茶を飲めば
大丈夫だから（たぶん）
インサイト（欲求）
解消にともない
発生する罪悪感に対して
免罪符を与える

図 3-2

第4章

マーケターの育成・成長の落とし穴

本質を自分の頭で理解する能力を高める

ここまで、「マーケティングの落とし穴」にハマらないようにするために、フレームワークやセオリーの背景にある「本質を理解」することの重要性を、いくつかのフレームワークを題材にお話ししてきました。

ご紹介できたのはそのほんの一部でしかありませんが、何となく、「そういう背景があったのか」とか「そんな捉え方もあるのか」など、皆さんの心の中に少しでも伝わっていたら、私としてはうれしい限りです。

世の中にはほかにも無数のフレームワークやセオリーがあります。また、自分が所属する組織や会社の中にも、不文律の「常識やセオリー」とされていることが多々あるのではないでしょうか？

では、それらの常識やセオリーの背景にあるエビデンスはいったい何なのでしょうか？
また、その常識やセオリーは、現在においても果たして「正しい」といえるのでしょうか？

この最終章では、フレームワークやセオリーの本質、そして社内の常識が正しいのかを、**自分の頭で考え判断できるようにするための「基本的な能力（ベース・スキル）」**をいかに鍛え、身につけていくのか、そのヒントを提供できればと思います。

あくまでも、私がこれまでの経験からつちかい、「自分の部下たちに教えてきた内容であるため、こういう考え方もあるよ」という1つの例として捉えていただければと思います。
また、この内容は、IFI（一般財団法人ファッション産業人材育成機構）でのデジタルマーケティング講座の約7年にわたる講義の中で、一番最初からお伝えし続けている内容でもあり、私としては、マーケティングにおいて最も重要と思っている考え方でもあります。

ベース・スキルとは何か？

私の考えるベース・スキルとは、マーケティングだけによらず、ビジネスパーソンとして必要となる最も基礎的な能力として考えている力です。また、ベース・スキルは、単に知識として身につけてもまったく意味がなく、そしていったん身につけたとしても、そのまま放っておいては徐々に衰えていく能力であり、**「日々のトレーニング＝筋トレ」が必要な能力**です。

ベース・スキルは大きく3つの要素で構成されます（図4－1）。

〈第1層　体幹〉

マーケター、またはビジネスパーソンとしての**「あるべき姿勢・行動様式」**部分です。

〈第2層　コア・スキル〉

「筋肉」にあたります。あらゆる課題解決や新発想につながる、解くべき問いと仮説を導くための**「考え方や思考の仕方」**についての能力です。

図4-1

〈第3層　普遍的ノウハウ〉

マーケティングおける**普遍的なフレームワークやノウハウ**になります。トレンドに左右されない基本ノウハウであり、もちろん、その本質を理解していなければなりません。

そして、ベース・スキルは、**身につけるべき順番も大事**だと、私は考えています。階層が下の能力（つまり第1層が一番重要で最初に身につけるべき能力）、この順番を間違えると、頭でっかちになり、長期的には成長が止まってしまうという**「成長の落とし穴にハマる」**危険性があります。

そして優秀な若手ほどこの順番を間違え、最初は非常に早い成長を見せ活躍していたのに、やがて成長に苦しむといった姿を多く見てきました。ベース・スキルにもし興味を感じていただけたのなら、この第1層（体幹）こそ、最初に身につけ、日々最も鍛錬し続けなければいけないということを、ぜひ覚えておいていただけると助かります。

実際に私も苦い経験がありまして、ある優秀で極めて高いポテンシャルを感じさせる若者を、特に目をかけて育成した中で、この落とし穴にハマりました。

その若者はとても頭脳明晰で成長意欲も高く、何よりも素直であり、しっかり育成すれば間違いなく近い将来、自分のチームの中でもエースになれる存在でした。私も、できるだけ

ＯＪＴを通じて、日々、自分の持っているノウハウやテクニック、そして、コンサルのアソシエイトが学ぶような、ロジカルシンキングや、課題発見や解決を導く方法などを教えたのですが、本人の優秀さもあり、それらをかなり早く吸収し、２年も経つ頃には、１つのサービスを完全に任せられるだけのレベルにまで成長してくれました。

しかしそこで、その成長にかげりが見られるようになります。そして、サービス自体もうまくいかなくなり、本人の焦りも目立つようになり、負のスパイラルに陥っていきます。そして、ある日、本人から転職の意向をいただくことになります。

具体的に、どのような点で成長が止まり、どんなことがあったのかは、ここで明確に書くことは避けますが、ここで起きた成長の鈍化の背景には**「驕《おご》り」の発生**があったのではと考えています。ノウハウやテクニックは短期的には成長を促進することができるのですが、長きにわたり成長し続けていくためには、驕りに陥らない、また陥ったとしても、それをリカバリーするための「姿勢・行動様式」が身についていなければならないのです。

次のコーナーから、各階層について詳しく見ていきましょう。

第1層　体幹を鍛える

ベース・スキルで最も重要な第1層は「体幹＝姿勢・行動指針」となります。「マーケターとして長期間にわたり成長を続け、そして成果を出し続けていくためには、どのような姿勢を維持し続けていくべきなのか」がテーマになります。ベース・スキルにもさまざまなスキルがありますが、私は特に次の3つを大事にしています。**「①Integrity（インテグリティ）」「②無知の知」「③FACTFULNESS（ファクトフルネス）」**の3つです。

①Integrity（インテグリティ）

インテグリティとは日本語で直訳できる言葉ではないのですが、**「真摯さ」「誠実さ」「高潔さ」**といった意味合いになります。意訳すれば「謙虚さ」とも言えるかもしれません。こ

の言葉は、「経営学の神様」と呼ばれるピーター・ドラッカーや、「投資の神様」と呼ばれるウォーレン・バフェットがその重要性を説いたことで有名となりました。ここに、それぞれの神様がおっしゃった言葉（御神託）を引用させていただきます。

ピーター・ドラッカー
「マネージャーとして、はじめから身につけていなければいけない資質が1つだけある。それは才能ではない、真摯さ（インテグリティ）である」

ウォーレン・バフェット
「人を雇うときには3つの資質を求めるべきだ。すなわち、高潔さ（インテグリティ）、知性、活力である。しかし、高潔さをともなわずに知性と活力を持つ人材はむしろ組織に大損害をもたらすので、雇ってはいけない」

なぜ、神様たちがこれほどまでに「インテグリティ」を重要視したのでしょうか？
それは、インテグリティが欠如した人物は、短期的には企業に成長をもたらすかもしれないものの、長期的には組織を腐敗させ、成長を阻害する要因になると考えたからです。これを理解するためには、インテグリティが欠如した人物とは具体的にどのような人物かを理解するとわかりやすいでしょう。再びドラッカーの言葉を借ります（一部、私の理解も追記しています）。

〈インテグリティが欠如した人物の特徴〉
- ズルをする人、嘘をつく人（筆者追記）
- 倫理観のない人（筆者追記）
- 人の強みではなく弱みに注目する人
- 何が正しいかではなく、誰が正しいかに関心を寄せる人
- 部下の人格ではなく、頭脳を重視する人
- 有能な部下を歓迎するのではなく、恐れる人
- 自分の仕事に高い基準を掲げない人

何となく雰囲気が伝わりますでしょうか？

インテグリティを欠如した人物を雇うとなぜ組織が崩壊すると神様たちは考えたのでしょうか？　それは**インテグリティの欠如は、「ウイルスのように組織内に伝播していき、やがて組織全体を病気にしてしまう」**と考えられるからです。そして、特にマネージャーや上位

役職者がそのような人物であった場合、蝕まれる速度とインパクトはより強烈になります。

わかりやすい事例として「ビッグモーター事件」が挙げられるでしょう。皆さんの記憶にも新しいのではないかと思います。

2023年7月、中古車業界のみならず、世の中に激震が走ります。当時、中古車業界で販売額トップシェア（15％）を誇っていたビッグモーターが、長年にわたり多くの不正を組織的に行なっていたことが明るみに出たのです。その内容は極めて悪質であり、保険金の水増し請求に加え、「客のタイヤにネジを突き立てパンクさせて、工賃を請求」「高級タイヤに取り替えたとウソをついて安価なタイヤを使い、その差額を利益にしていた」「車検を行なっていたのは無資格のスタッフ」など、保険会社のみならず、自社の顧客に対してさえ悪質な対応を行なっていたことが、次々と明らかになっていきます。

そして、販売店舗前の樹木に枯葉剤を撒いて枯らすなど、にわかには信じられない、倫理観のかけらもない行為が日常的に行なわれていたという、前代未聞の事件でした。

この背景はさまざまな考察がされていますが、中でも私の関心を引いたのが、創業社長である兼重宏行社長の息子のK氏の存在です。

K氏は、今回の保険金不正に関連したとされる、損保ジャパンを退社後、2012年にビッグモーターに入社し、2015年末に取締役に就任します。この頃から、ビッグモーターの急成長が目立つようになり、2013年から2022年までのわずか10年間で「売上を8倍」にまで成長させます。

さまざまなニュース記事を読むと、このK氏が入社し、社内で大きな権力を握るようになってから、極端な成果至上主義や、利益優先主義に組織が変化していき、また、不正が組織的なものになっていったようです。

そして、このK氏の特徴を記事から読みとるに、先ほど挙げた「インテグリティが欠如した人物」の特徴に、非常に当てはまるのです。

どんな手段を使ってでも(不正を行なったとしても)、成績を収めた店舗が極端に評価され、そうではない店舗は罵倒される。そのような世界だったようで、このような組織では、加速度的にモラルが崩壊していきます。

なぜなら、「どんな汚い手を使ってでも、成果をあげた者が評価される」という空気が組織を支配していき、「どんな手を使ってもよいのだ」というのが「当たり前化」し、逆に「誠実に真面目に仕事をしている」人ほどやる気をなくし、人によっては会社を去って行くということも起こり、やがて、「インテグリティを持たない人たち」ばかりで、組織が構成されていくからです。

インテグリティの欠如が伝播していき、組織的なモラルハザードが起きた、典型的な事例といえるでしょう。

そして、**インテグリティの欠如は、短期的には成長を生みます。**実際、ビッグモーターも10年間は極めて高い成長を実現しました。

しかしインテグリティの欠如は、多くの場合、どこかで「しっぺ返し」を受けます。そして、その成長は止まります。

ビッグモーターの凋落ぶりは、皆さんもよく知るところではないでしょうか？

マーケターは常にインテグリティを試されている

さまざまな仕事の中でも、マーケティングはインテグリティが特に試される仕事かもしれません。なぜなら**マーケティング活動は「インテグリティの境界線が曖昧」**なことが多いからです。

〈マーケティング活動はインテグリティの境界線が曖昧〉

・ユーザーレビューを金で買うのは、アリなのか？　ナシなのか？

・アフィリエイターに良い感じの記事を書いてもらうのは、アリなのか？　ナシなのか？

・商品レコメンド型リターゲティング広告で、ユーザーを追いかけまわすのは、アリなのか？　ナシなのか？

・誇大広告とされない、ギリギリの「盛った訴求や表現」はアリなのか？　ナシなのか？

いずれもインテグリティという尺度で見た場合には、判断が微妙なところです。広告の訴求文言1つとっても、また「業界Ｎｏ．1」といったＮｏ．1表記についても、けっこう、**日々グレーゾーンな戦いを強いられているのがわれわれマーケターではないでしょうか？**

前の章でも書きましたが「顧客は商品やサービスで企業とつながっている」ことを考えると、攻めた訴求や、「やや誇大かな」という表現で広告を打つことで、新規顧客自体は獲得できるかもしれませんが、リピート購入はしてくれないかもしれません。

これには個人も当てはまり、インテグリティを無視した活動で一時的には成果もあがり、社内評価もあがるかもしれませんが、やがてはメッキが剥がれ、しっぺ返しをくらうことになります。そして何よりも、インテグリティに背いた活動は一時的に成果があがりやすいことから、麻薬のように常習化しやすく、やがて抜け出せなくなりがちなのですが、そうすると本当の能力が身につく機会を失います。

そして、企業だけでなく、個人も、成長できない体質となってしまうのです。

なので、短期的には「正直者はバカを見る」ことも多いかと思いますが、できればインテグリティを常に保つよう、己の姿勢を律し続けることを私はおすすめします。とはいえ、無茶な予算が上層部から落ちてくることも多いでしょう。その際には、背に腹は変えられないかもしれません。**ただそんなときにもせめて「後ろめたさ」を忘れずに心に持っておいてほしいのです。**

②無知の知

《あるとき、ソクラテスの友人であるカイレフォンはデルフォイで神託を受ける。その内容は「ソクラテス以上の賢者はいない」というものだった。そのことを聞いたソクラテスは頭を捻った。なぜならソクラテスは自分が決して賢くないことを自覚していたからだ。それなのに神は自分を「最も賢い」という。「きっとこれには何か意味があるはずだ」とソクラテスは考えた。

そこでソクラテスは市内にいる賢者と呼ばれる人たちのところに脚を運び、彼らと対話することにした。そんなことを繰り返しているうちに、ソクラテスはあることに気がついた。賢者たちは自分が最も賢いと信じてやまないが、ソクラテスから見るとそうではないように見える。彼らには知らないことがまだまだ多く、さして賢いようには思えなかったのである。

対話を繰り返すなかでソクラテスはこう結論づけた。「知らないことがあるのに、自分はすべてを知っていると信じている人たち〝よりも〟知らないこともあるが、それを知っていると勘違いしていない」という点において、自分は彼らよりも賢明に思える。神が「ソクラテスこそ最も

賢い」と言ったのは、どうやらその差のことなのだろうと。》

出典：コエダメ「『無知の知』を考える――『ソクラテスの弁明』」より https://koedamebiyori.com/socrates-no-benmei/

これが有名な、ソクラテスの「無知の知」のエピソードです。正確には「不知の知」というのが正しいようです。「無知」が「知っているつもりになっていない」というのに対し、「不知」は「ただ知らない、自分は何もわかっていない」というニュアンスであり、私がここであげたテーマの「無知の知」とは、**「自分は本当には何もわかっていない（ということを知っている）」状態を意味する**と受け取ってください。

無知の知を「体幹＝姿勢・行動様式」の1つとしてなぜ取り上げたのかというと、長期的な成長を実現していくためには何よりも、**「知的に謙虚な状態」**を維持していく必要があるためです。

皆さんがセミナーや書籍を読んだときに、自分が知っている（と思っている）内容や、聞いたことがある内容であった場合、どのように思うでしょうか？

「あっ、これは前に聞いたことがある気がする。聞き流してもいいかな」とか、「この内容は知っているから、読み飛ばしてもいいかな」など、そんな風に思ったことはありませんか？

「知的に謙虚な状態」を常に維持し続けていくというのは、実に難しいことです。そして、年齢や経験を重ねるごとにどんどん難しくなっていきます。「歳を取ると人の話を聞かなくなる」などとよく言われたりしますが、これもその1つかもしれません。

たとえ知っている（と思っている）話であったとしても、「もしかしたら、新たな発見があるかもしれない」「別の見方があるのかもしれない」と期待する姿勢を持ち、たとえ結果として知っている内容であったとしても、「ああ、やはり同じ考え方だったな。とすると、この考え方が正しい確度がより高まったな」とポジティブに捉える姿勢を常に持てるとすれば、「知的に謙虚な状態」をあなたは維持できているといっていいでしょう。

本書のテーマでもある「本質を理解しマーケティングの失敗に陥らない」ためには、色眼鏡を外し、常に謙虚な気持ちで事例やセオリー、フレームワークを理解する姿勢が必要です。でなければ、事前にインプットされた情報により認知バイアスが働き、本質を理解することを阻害してしまうからです。

「常にフレッシュな自分」であることを心がける

無知の知（私は「ムチムチ」と呼んでます）を日々実践していく方法として、私は「無知の自分を演じる」ことをおすすめしています。やり方は簡単で、人の話を聞いたり、書籍を読んだりする際に、「今日の自分は、マーケター初心者で、まるで何も知らない、フレッシュな俺」と設定し演じるだけです。

話の中で「あー、あれってコレでしょ」とか「前に聞いたことあるなー」という心の声が聞こえたら、すかさず、「いや、やっぱ知らない」「えー、なんだっけ？　さっぱり忘れたわ」と、心の中で無理やりつぶやき、その声を上書きしてください。本当にそう思っていなくてもかまいません。そういうやり方を癖づけることで、段々と「無知の知」が普通に行なえるように矯正されていきます。

最もやってはいけないのが、話を聞いているその場で「それ違うわー」とか「俺、すでにやっているよ（これけっこうやりがち）」と、「自分の承認欲求を満たそう」としてしまうことです。これを続けていると「癖」になってしまい、知的に謙虚な姿勢から最も遠ざかっていってしまいます。

まずはいったん、頭のキャンバスを真っ白にして、受け入れましょう。受け入れた上で、新たな知見として利用できそうなものは記憶に残し、反論したい部分は、論理的になぜそうではないのかを自分なりに明らかにしましょう。そしていらない部分は、そっと記憶のゴミ箱に捨てる習慣を身につけることをおすすめします。

③FACTFULNESS（ファクトフルネス）

２０１９年に『FACTFULNESS（ファクトフルネス） 10の思い込みを乗り越え、データをもとに世界を正しく見る習慣』（ハンス・ロスリング、日経ＢＰ）という書籍が話題を呼び、１００万部を超える大ベストセラーとなりました。この書籍は、有名な経営者や学者といった賢い人々であっても「思い込み」に支配されており、世界の正しい事実を、間違って捉えているということを、「チンパンジーよりも賢い人々の方がむしろ正解率が低かった（チンパンジーにランダムで選択型質問に回答させるより、正答率が低かった）」という事実（「チンパンジークイズ」と呼ぶ）から、わかりやすく紐解いた書籍です。

ファクトフルネスではまず12個の質問が投げかけられます。一部を紹介いたします。

- 世界全体の平均寿命は？
  50歳、60歳、70歳
- 世界で常時、電気にアクセスできる人の割合は？
  20％、50％、80％
- 低所得国で、初等教育（小学校など）を修了した女子の割合は？
  20％、40％、60％

といった質問です。

さて、皆さんは、どの数値が正しい数値だと思ったでしょうか？

ロスリング氏が世界トップレベルの経営者、学者、政府高官などにこれらの質問をした結果、チンパンジーの正解数「4個（12個のうち）」よりも、正解数が多かった（つまり5個以上）

人の割合は、実に「10%」しかいない、という驚きの結果が出たそうです。つまり、9割の人はチンパンジー君よりも正解数が少なかったということです。(ウッキー!)

ちなみに先ほどの質問の答えは次の通りです。

- ・世界の平均寿命　70歳
- ・電気に常時アクセス可能　80%
- ・低所得国で初等教育修了の女子　60%

いかがでしょう? 皆さんは3問とも正解できましたか? 自分の感覚とギャップを感じたのではないでしょうか。

ロスリング氏は、この背景には「10の思い込み」が存在し、それらがバイアスとなって「正しく世界を見ていない」と指摘しています。10の思い込みがそれぞれどういうものかについては、ぜひ『FACTFULNESS』をお読みいただければと思いますが、ここで最も重要なのは**「人間は思い込みに支配されている」**という事実です。

この思い込みとは、ビジネスの現場で言えば、「会社内で日常的に語られている常識」や「過去の成功体験」。セミナーや書籍で喧伝される「セオリーや成功事例」が当てはまります。それらは本当に「事実」なのでしょうか？

もし事実でないとすれば、「前提条件が間違っている」こととなり、これらを前提に戦略や施策を実行したとすれば、「マーケティングの落とし穴」に、いとも簡単に落ちていってしまうことになります。

この、「思い込みによる落とし穴」にハマらないためには、常に「事実を自分で確認し、「自分の頭で考える」という姿勢・行動様式を習慣化する必要があります。ちなみに先ほどのチンパンジークイズも、国連などの国際機関の統計データなどを自分で調べれば正しい情報を得ることは比較的容易です。しかし、多くの人は「あたりまえ」に思えそうなことほど、事実を調べようとはせず、それらを「常識や定説」として、自分の仮説や判断の前提にしてしまいがちです。

特に会社の中の「常識」というやつはやっかいでして、会議などでは当たり前のように、この「常識」を前提として議論が行なわれていたりします。その常識は「いつ」の常識でしょうか？　また、実際にちゃんと調べられた統計的に正しい結果なのでしょうか？

社内の人々がそう思っているだけの「感想」である可能性だってありますし、5年前は正しかったとしても、**今は正しくないかもしれません。**

特に環境変化の激しい現在においては、消費者の意識も、テクノロジーも、ビジネスモデルですら、正解は日々変化していっています。5年前の常識にとらわれていたのでは、今の時点で間違った判断をしてしまう可能性は高そうです。しかし、社内や組織の常識というものは、「極めてアップデートがされにくい」、あるいは「アップデートすること自体に抵抗が発生しがち」なものだったりします。

「業界の常識」を疑うことでイノベーションを起こした事例

「社内や業界の常識を疑う」ことについてイメージを持っていただくために、有名な事例をいくつか挙げます。

■大和ハウス　「住宅は一軒ずつ建てる」から「量産化へ」

〈業界の常識〉

住宅は顧客ごとにオーダーメイドで建てるのが当たり前だった。

〈常識を疑う〉

「住宅を工場で量産化できないか？」と考え、工場生産によるプレハブ住宅を開発。

〈疑った結果〉

現場の施工時間を大幅に短縮しコストを圧縮しつつ、高いレベルでの品質標準化と短期納品を可能とし、他社との差別化を実現し、大きな成長を実現。

■スターバックス　「サードプレイスという新たな市場を創造」

〈業界の常識〉

1990年代アメリカの一般的なコーヒー文化はファストフードやフードコートでコーヒーを購入し、どこかで「手軽に飲む」が主流だった。

カフェは一部の「コーヒー好き」や「こだわりのある人」が利用する場であった。

〈常識を疑う〉

人がコーヒーを飲むのは「リラックス」や「気分転換」をしたいときではないか？　こうした消費者インサイトの洞察から、コーヒーを飲むシチュエーションに対して、サードプレイス（家でも職場でもない居心地の良い空間）を提供できないか？

「居心地の良さ」を追求した店舗デザインと接客を開発し、高品質なコーヒーを居心地の良い空間で提供。

〈疑った結果〉

日常でコーヒーを飲むシチュエーションにおいて新たな文化を創造し世界的企業に躍進。

■任天堂（Switch、Wii）「ゲームを個人で楽しむものから、家族や友人と楽しむものへ」

〈業界の常識〉

ゲームは個人で楽しむのが常識であり、市場の製品競争は「いかに高性能なハードウエアを作るか」が常識であった。

〈常識を疑う〉

ユーザーが求めているのは、高い性能を持ったハードウエアではなく、「もっと楽しい遊び方」や「人と協力したり競い合ったりすることによる刺激」なのではないか？　あえてハードウエアの高性能化を捨て、「家族や友人といかに一緒に楽しむことができるか」といった「新たなゲーム体験の創造」に軸をおいて開発を行なう。

〈疑った結果〉

Wii や Switch といった独創性の高い製品を生み出し、ゲームに新たな文化を創造。ファミリーコンピューター登場時に匹敵する、大きな成長を実現。

いかがでしょう？　何となく「常識を疑う」ことによるイノベーションの創出についてイメージできたでしょうか。

このような「業界や社内の常識」は、おそらく皆さんの会社においても、意識して目を向ければいくつも見つかることかと思います。それらの常識をまずは疑ってみて、今の時点における「事実」をあらためて収集し直してみる。これらを意識的に行なわない限り「無意識の思考停止」に陥り、前提を間違える可能性があります。

「思い込み」の最大の問題は、思い込んでいる本人や組織が「それに気づかない」ことにあ

ります。なので、日々の習慣として、「それは本当か？　エビデンスはあるのか？」を確認するように己を鍛え続けなければ、「思い込み」に気づくことは難しいでしょう。

「インテグリティ」「無知の知」「FACTFULNESS」に代表される、ベース・スキルにおける「体幹＝姿勢や行動指針」は、知識として知っているだけでは何の意味もありません。筋トレのように日々、意識的にトレーニングし続けなければ、身につくことはありませんし、そして筋肉と同じように、トレーニングをやめてしまえば、いつの間にか衰えていってしまうものです。

そして、経験や年齢を経るごとに、筋肉と同様に、身につけることはより難しく、また維持し続けることもより難しくなってきます。なので、長期にわたって成長し続けたいのであれば、年齢や経験を重ねるほど、むしろ意識的にトレーニングを行なっていくことが求められます。

成長は「慣れ」や「驕り」との戦いでもあります。あくまでも、中澤という1人のマーケターの意見ではありますが、心の片隅にでも留め置いていただけますと幸いです。

第2層　コア・スキルを鍛える

「コア・スキル」とは、ビジネスにおいて共通して必要となる、**「正しい問いを立て仮説を導く能力」**を指します。「問い」は「課題」とも読み替えていただいてもよいのですが、もう少し深い意味があるので、少し紙面を割いて説明したいと思います。

正しい問いを立てる

「適切な問いさえ立てられれば、答えを見つけるのは比較的容易になる」

アインシュタインの言葉です。イーロン・マスクも「正しい問いを立てることさえできれば、答えを考えるのは比較的簡単だ」と語っています。

世の中はさまざまな「課題」に溢れています。それらの背景にある問題の本質、「真因」を捉え解決しなければ、それらの課題を根本解決することは叶いません。**つまり、「正しい問いを立てる」ということは、ものごとの表層的な課題に惑わされず、その根本にある最も重要な課題を「解くべき課題」として設定し「その解決に集中せよ」という意味を持ちます。**

「正しい問い＝真因」を見極めるためには、起こっているさまざまな課題（「事象」と呼びます）を手がかりに、その背景にある「共通の因子」を探っていく能力が必要です。この能力が「コア・スキル」と私が呼んでいるベース・スキルにあたります。

もちろん、この能力にもさまざまなものがあるかと思いますが、私は特に**「インサイトの洞察力」「インパクトと容易性」「真因遡及」**を重要視していますが、ここでは主に「真因遡及」について詳しく説明したいと思います。

インサイトについては、先ほどの第3章でも触れていますので、そちらを参照いただけますと幸いです（149ページ）。

インパクトと容易性

真因遡及の解説に入る前に、簡単に「インパクトと容易性」の話に触れておきます。これは一言でいうと「やるべきことを決め、やらないことを決める」ためのフレームワークです。有名な書籍『イシューからはじめよ』（安宅和人、英治出版、２０１０年）で紹介されているフレームワークとてても似た概念ですが、少し私の個人的なアレンジを加えています（図４－２）。

このフレームワークでは、縦軸に「インパクト」を置き、横軸に「容易度」を置くマトリクスを書きます。「インパクト」はシンプルに「その課題を解決した場合の経済インパクト」を指します。要は、すべての課題を「１２０％に改善した」として、事業全体に与える経済インパクトの大きさで、縦軸上の位置を決めます。

一方「容易度」は課題解決の容易性を表しているのですが、解決にかかるコストや時間という視点はいったん除外し、「解決方法の解像度」や「成功確率」を容易性として設定します。

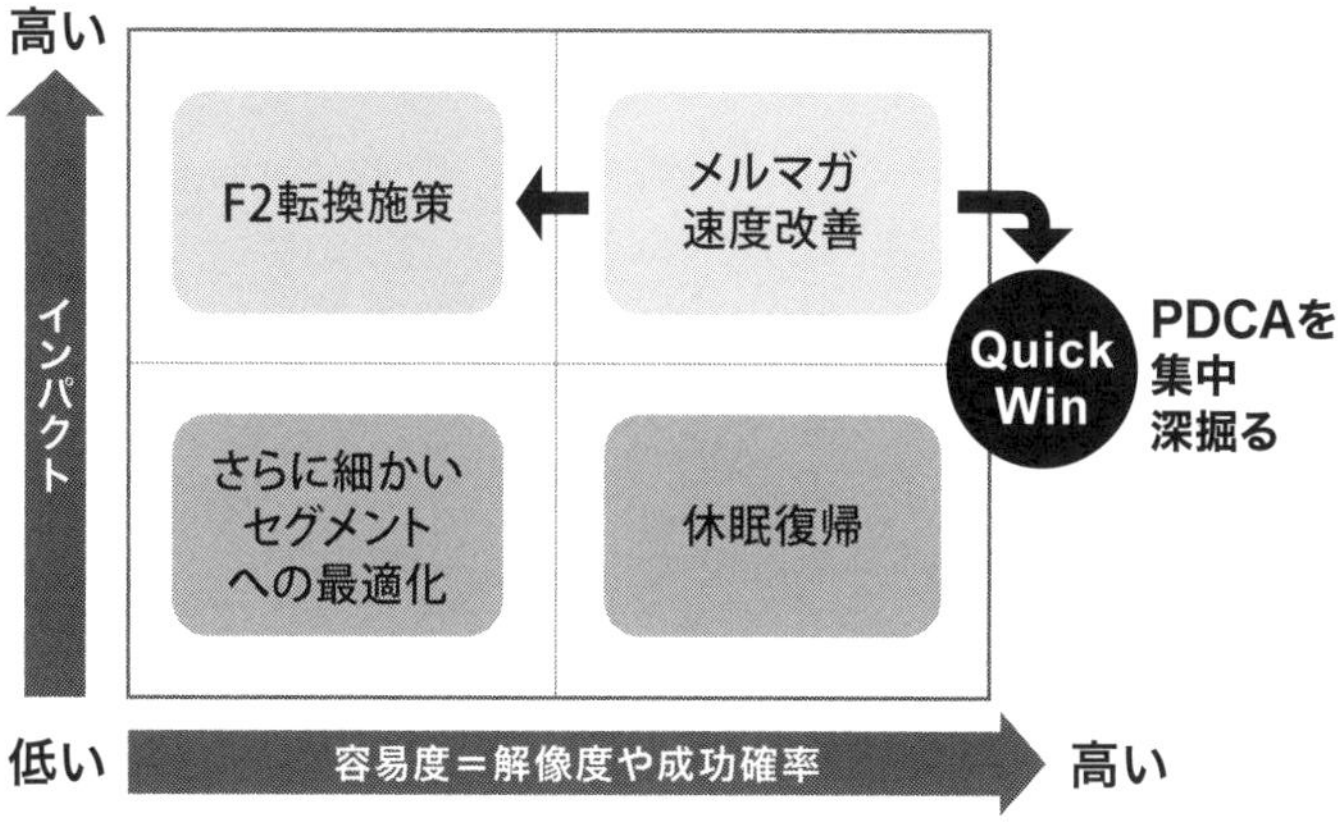

図 4-2

このマトリクス上に、現在見えている課題をプロットするのですが、中心軸は各課題の相対的な関係で値を決めます（もしくは感覚的に）。そして、右上（インパクトが大きく、容易度が高い）ゾーンを、まず取り組むべき課題として決定し、左上は余力があったらやる、そして、インパクトが低い右下・左下のゾーンは「やらない」と決定し切り捨てます。

右上のゾーンは、そもそも容易度が高い、つまり「解決方法の解像度が高い、成功確率が高い」ゾーンのはずなので、コストや時間がかかったとしても「やれば成果が出る」ことが見えているゾーンです。よって、まずはここにリソースを集中させます。

ポイントはその課題の完全解決を一気に目指すのではなく、とにかく着手し、ＰＤＣＡを回し、少しずつでも改善を積み重ねていくことです。私はこれを「Quick Winアプローチ」と呼んでいます。解決方法の解像度が高いために、とりあえず早く取り組めば何らかのリターンが得られる確率も高いことが一般的です。

解決方法の解像度が高い状態とは、もっと具体的に言うと、「世の中的にすでに解決方法が確立されている」「世の中に成功事例が豊富にある」、または「自社で過去に取り組んだことがあり成功ナレッジが蓄積されている」といった状態です。

「課題」を解決する場合に、最も時間がかかるのが、具体的に取り組む時間よりも、その課題の「原因の特定」であり、その「原因の解決方法の模索」です。だからこそ、課題の原因とその解決方法が明確な課題のほうが、投下するコストや労力に対するリターンも、改善し始める時間も短いと考えられます。

インパクトの最大のポイントは「事業全体に対する経済貢献度」である点です。マーケターのありがちな落とし穴として、「その施策自体の改善効果」の大きさに注目しがちという傾向が見られます。

たとえば、MA（マーケティング・オートメーション）ツールなどを用いた特定セグメントに対する施策が挙げられます。この施策の代表例が「F2転換（1回購入者をいかに2回目購入者に引き上げるか）」をターゲットとした施策です。この施策はもちろんLTVという観点からは極めて重要なのですが、このターゲットの会員全体に占める割合は限定的です。仮にこの構成比が会員全体の20％として、MAを用いて1・2倍に引き上げたとしても、全体売上に占めるインパクトは「4％」のアップにすぎません。

それに対して仮に会員の60％がメルマガを購読しているとして、メルマガの改善によりメルマガ経由の売上が「1・1倍」に向上した場合、インパクトは「6％」になります。つまり、改善率はF2転換施策のほうが高いとしても、事業全体における経済インパクトはメルマガ改善のほうが大きいということになります。

マーケティング活動の中で、常にさまざまな課題が皆さんの前には存在していることかと思います。その中で、事業貢献という観点で「やるべきこと、やらざるべきこと」を取捨選択していくことはとても重要です。1つの判断方法として活用していただければと思います。

真因遡及

「真因遡及」とは、観測された「事象」の背景にある「真の原因（真因）」を見つけること

を指します。「事象」はそれが「問題」と認識された場合には「課題」と呼ばれ、問題と捉えられなかった際には「気になる変化」として認識されます。

真の課題を解決しない限り本来は問題解決にならないはずですが、ビジネスの現場においても、個人の行動においても、意外に人間は「対症療法」に頼り、課題を解決しようとしがちです。

たとえば、「最近やたらと疲れるから、今日はレッドブルを飲もう！」と、エナジードリンクを飲んだところで、その場では元気になった気がしても、翌日にはまた疲れ果てていることでしょう。そうした対症療法に頼るのではなく、「身体を鍛える」とか、「ストレスを減らす生活を送る」とか、根本的な原因を見つけ対策を行なわない限り、問題は解決されません。

真因遡及を阻む３つの敵

真因遡及を行なうにあたって注意しなければいけない「敵」が３つ存在します。この３つの敵に負けると「思考停止」に陥り、表層的な課題の解決に終始することになります。

・手段の目的化

・対症療法の誘惑
・論理の飛躍

たとえば、あなたの部下が次のようなことを提案してきたとします。

部下「部長、店舗ブログの検索順位が落ちているので、検索順位を上げるために、以前やったときも効果のあった、投稿本数の増加を店舗に依頼しようと思うのですが、よろしいでしょうか？」
あなた「ところで、何で検索順位を上げなきゃいけないの？」
部下「店舗の来店客数が減っているからです！」
あなた「……」

いかがでしょう？
あなたがこの部下の上司だとして、あなたはこの提案を承認するでしょうか？

この部下は課題の設定を「検索順位の低下」に置いています。しかし、真に解決したいのは「店舗来店客数の低下」です。より上位の課題（事象）として来店客数の低下があり、検索順位の低下は、その原因と考えられる無数の「課題（事象）」の1つでしかありません。よって、来店客数低下の背景にある「真因」をまずは見つけ出さなければいけないのですが、ビジネスの現場では往々にして、**その過程の中で「手段」が「目的」に昇格してしまい、やがて、上位の課題を忘れ、「手段が目的化してしまう」**ということが起こりがちです。

そしてこの、**見かけ上の「課題」に対処することが「対症療法」**であり、本来解決しなければいけない課題のストレスから、「早く何か対策を打って楽になりたい」という「対症療法の誘惑」もあって、多くのケースで「手段の目的化 → 対症療法」という図式が発生します。

またこのケースの場合には、「店舗ブログの検索順位が下がる → 来店客数が減る」という前提になっています。おそらく、「店舗ブログの検索数が下がると、店舗ブログの流入数が減るから」ということが暗に理由として含まれているのかもしれませんが、果たして、店舗ブログの流入数が増加すると、来店客数は伸びるのでしょうか？

事前の分析で大きな相関関係が認められているのであれば、その可能性も否定できませんが、店舗の来店客数には複数の要因が複雑に絡み合っているはずです。

よって、店舗来店客数低下の要因として検索順位の低下を直接的に結びつけるのは、**「論**

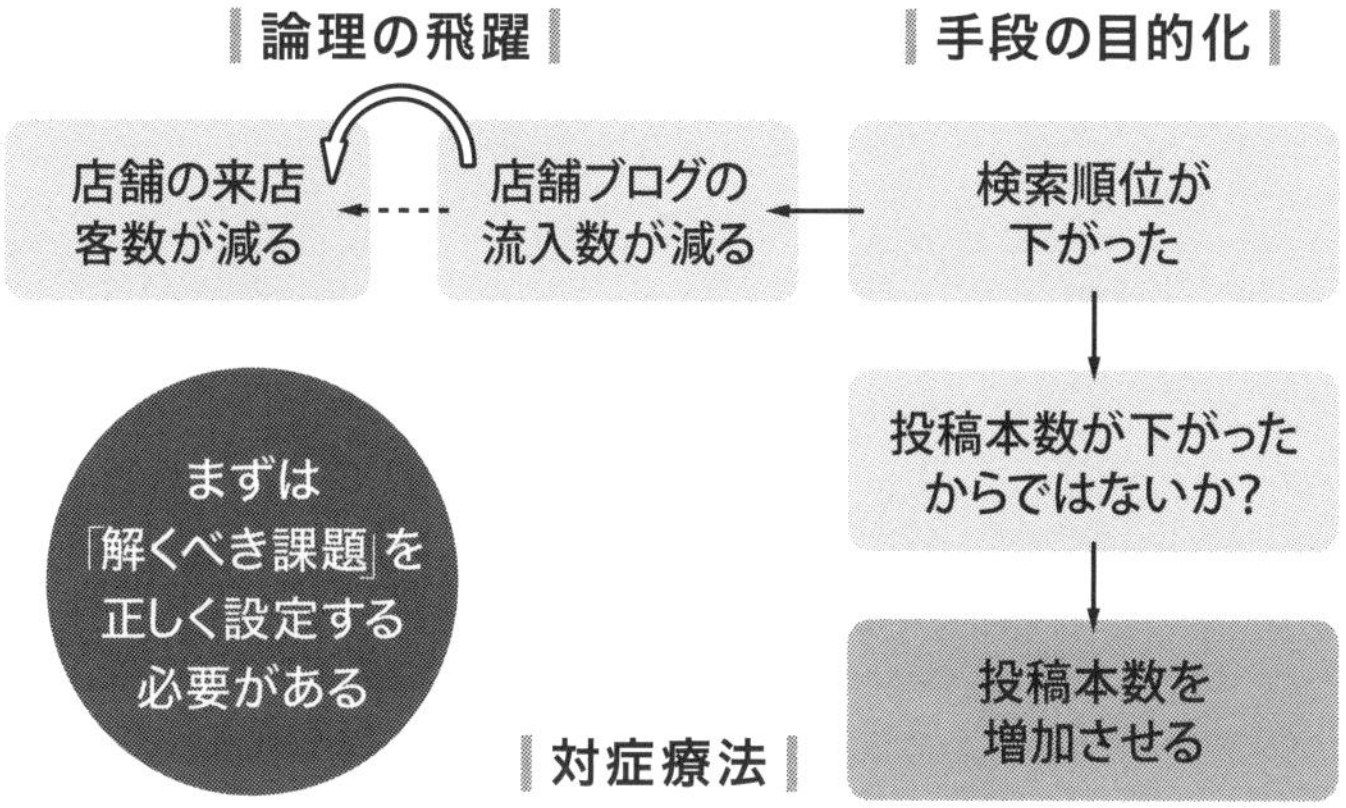

図4-3

理の飛躍」があるといえます（図4－3）。

自分の考えた仮説が、課題（事象）の背景にある真因なのかをチェックする簡単な方法があります。それは、**「自分の考えた仮説を解決すれば、課題はすべて解決されるのか」というように、「逆の問い」を立ててみる**ことです。この問いに論理的に抜け漏れなく答えることができれば、その仮説は真因である可能性が高いです。しかし、そう言い切れない場合には、真因を特定できていない可能性もあると判断するべきでしょう。

真因遡及のやり方

あくまでも中澤流のやりかたになります。ほかにもいろいろなやり方があるでしょうが、自分はこの方法が最もしっくりきているので紹介します。

具体的な説明に入る前に、まずは「真因遡及」の全体プロセスを提示します（図4－4）。

ポイントとなるのは「垂直方向の要因分解」と「水平方向の共通因子の特定」です。

今回はより具体的なイメージを持っていただくために、例題をベースに説明を進めていきます。次のようなケースにおいて、課題を根本解決するために、課題の背景にある「本質的な課題（真因）」を特定し、それに対する有効な打ち手を考えていきましょう。

〈ケース〉

たとえば、あるコンビニエンスストアで、「ここ半年、徐々に売上が減少してきている」という課題があったとします。

〈コンビニエンスストアの概要〉

高速道路の出口からつながる、幹線道路沿いに立地。高速道路の出口からは約1キロメートルの距離にある。

駐車場スペースは広く、普通自動車6台、トラックが停まれるスペース3台分。

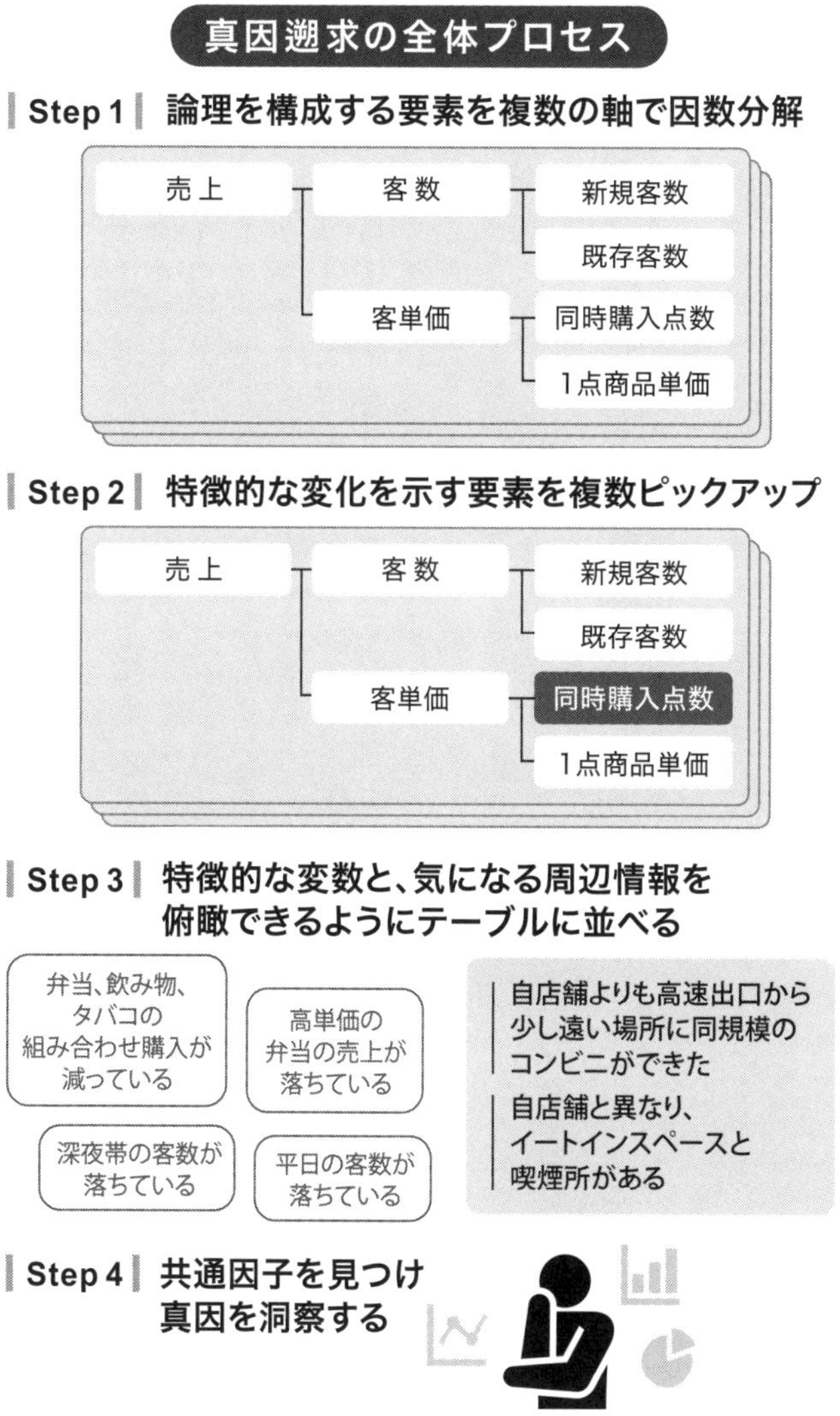
真因遡求の全体プロセス
Step 1 論理を構成する要素を複数の軸で因数分解
売上
客数
新規客数
既存客数
客単価
同時購入点数
1点商品単価
Step 2 特徴的な変化を示す要素を複数ピックアップ
売上
客数
新規客数
既存客数
客単価
同時購入点数
1点商品単価
Step 3 特徴的な変数と、気になる周辺情報を俯瞰できるようにテーブルに並べる
弁当、飲み物、タバコの組み合わせ購入が減っている
高単価の弁当の売上が落ちている
深夜帯の客数が落ちている
平日の客数が落ちている
自店舗よりも高速出口から少し遠い場所に同規模のコンビニができた
自店舗と異なり、イートインスペースと喫煙所がある
Step 4 共通因子を見つけ真因を洞察する

図 4-4

イートインスペースなし、トイレ有り、喫煙所なし。

〈環境変化〉

昨年の年末に、同じ幹線道路沿いに、高速道路の出口からは約2キロメートル先（自店舗よりも高速出口から遠い）に競合ブランドのコンビニエンスストアがオープン。駐車場スペースは自社と同程度の規模。普通自動車4台、トラックが停まれるスペース3台分。

イートインスペース有り、トイレ有り、喫煙所有り。

〈発生している課題（事象）〉

約半年前から、売上が徐々に減少している。

【ステップ①】垂直方向の要因分解

まず行なうべきは「垂直方向の要因分解」となります。

垂直方向の要因分解とは、発生している課題（事象）の直接原因となり得る「要素」を「因数分解」しながら掘り下げていくことです。このときのポイントとして次の2つのルールを守ります。**ルール1は「課題↓直接要素↓直接要素のさらに直接要素……」**という具合に、「課題→要素」を連鎖させる形で複数階層まで分解していくことです。**ルール2は「できるだけMECE」に分解していくこと**となります。

MECEとは「Mutually Exclusive and Collectively Exhaustive」の頭文字を取ったもので、日本語では**「モレなくダブりなく」**といった意味合いになります。ロジカルシンキング（論理的思考法）の最も基礎となる概念といわれているので、ご存じの方も多いでしょう。

定性的な課題（事象）の場合、このMECEに垂直方向に因数分解していくのは、なかなかに骨が折れるのですが、今回の事象のように「定量的な課題」の場合には、比較的簡単です。なぜなら**「四則演算で分解」していけば必ずMECEな分解になる**からです。

四則演算とは「足す、引く、割る、掛ける」のことで、必ずモレもダブりもない状態になります。ビジネス上で発生する課題の多くは「定量的」に表せることが多いため、「とりあえず四則演算でやる」と覚えておけば、たいていの事象には対応できます。

次のページの図4－5では「売上（の減少）」を頂点として、まず「客数・客単価」で因

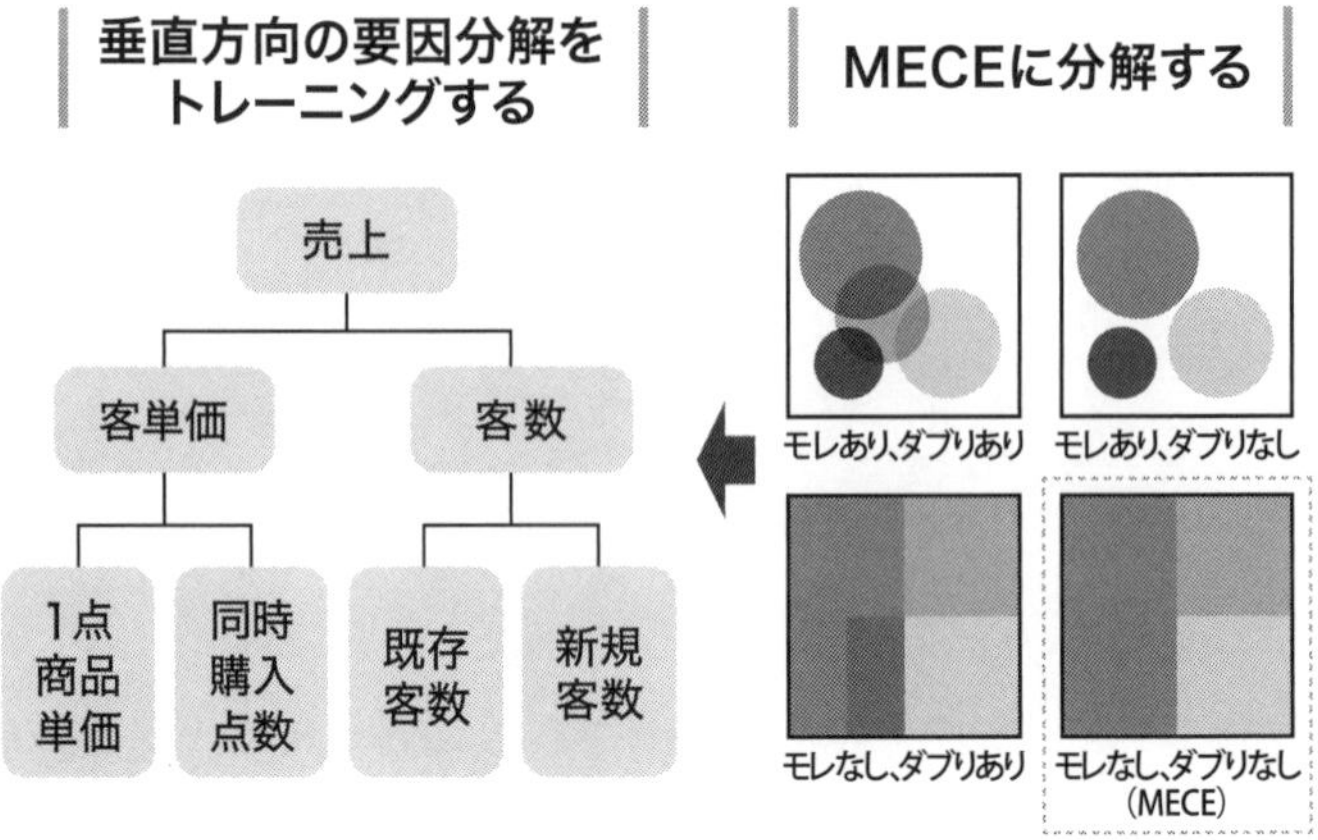

図 4-5

数分解しています。これは分解における「1つの軸」にすぎません。**「真因」を特定するためには、「複数の軸」で分解を行なってみる必要があります。**たとえば売上であれば、まず第1層の分解として「商品カテゴリー売上」や「曜日・時間帯売上」といった軸での分解も可能です。

この分解を行なっていく際のコツですが、分解に入る前に、いったん今持っている情報をベースに「何かしらの仮説」を最低でも1つ、できれば複数持っておくことです。これにより、闇雲にすべての分解軸を試すのではなく。ある程度の当たりをつけて分解を行なうことが可能になります。

もちろん、事前の仮説は確度も精度もかなり低い仮説となりますので、前提として「仮説を放棄・変更」するつもりで取り組みます。ここで最初に立てた仮説に固執しすぎると、その弊害として「仮説を立証するための分析」というバイアスが働き、「自分が欲しい結果となる数値を探す」ことになり、フラットな分析が行なえなくなります。

そしてもう1つ重要なポイントが、**分析作業は「試行錯誤しながら行なう」必要がある**という点です。

最初の仮説に基づき、指標を分解し見ていく中で、同時並行して「あれ？　この数値がこうなっているということは、こういうことが考えられるから、あの数値も変化しているかもしれないな？」といったように、分析作業を進めながら「仮説をブラッシュアップしながら、次の分解軸を試してみる」というようなアプローチです。

この作業を効率的に行なうには、事前にできるだけ多くの分解軸を、自分の中に引き出しとして持っておくと有利です。売上というものは、どういう軸で分解し得るのか、普段から「分解軸のストック」を意識的に貯めておくことをおすすめします。

また、効率に逆行することにはなりますが、一定分析を進めていったらいったん手を止めて、あえて「まったく手をつけていない」異なる切り口でも分解を行なってみて、指標を見

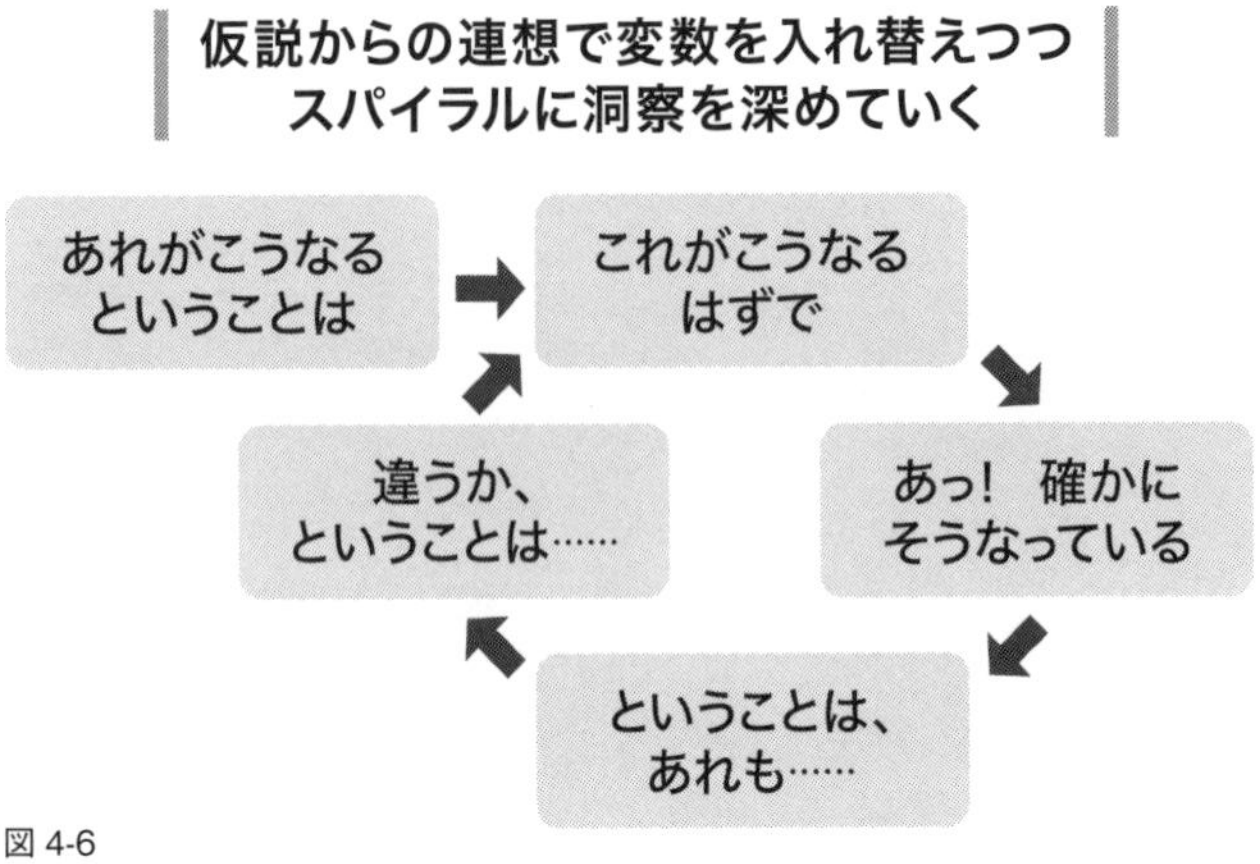

図 4-6

てみることで、自分の仮説の外にある「意外な変化」を把握することが可能です。これらの発見により、今の仮説から外れた新たな発見を得ることで、仮説をさらに発展させられることにつながるので、意識的に行なうとよいと思います（図４－６）。

【ステップ②～③】全情報を俯瞰・分析する

いくつかの分解軸で分析を進めていく中で、複数の「特徴的な変化を示す要素（この場合は数値）」が見つかるはずです。

「特徴的な」というのは「これまでと比べて、特徴的な変化があったもの」と考えていただけるとよいでしょう。「前年や前月に比べて数値が大きく増減している」、または、これまではとんど変化がなかった数値が「特徴的に動いている」ことや、「自分の感覚的に違和感を感じる」といった数値をピックアップしていきます。

この時点では、この特徴的な変化を示す要素（数値）を絞り込むことなく、いったん、まずはテーブルの上に並べます。このときポイントとなるのは、「洞察力や直感力」ができるだけ発揮しやすくなるように、得られた情報のすべてを俯瞰して見られる状態を作ることです。

具体的には、大きなホワイトボードにすべての情報を付箋《ふせん》で貼って並べてみる方法が有効です。そして自分の直感が働きやすいように、何となくグルーピングできそうなものは付箋を近くに寄せて、明らかに相関性や前後関係がありそうなものは、マジックで線を引くなど、要は自分の頭の中の空間をホワイトボード上に展開するイメージで、一目で全体像を把握できる状態を作ります。

そして得られた情報から、特に気になる情報や、特徴的な変化のあった情報をピックアップし、親子関係にあるような情報があれば、より抽象度の低い具体的な数値や事象の変化のほうをピックアップします。

この説明だけだとイメージしにくいと思うので、具体的な例を挙げましょう。

たとえば「同時購入商品点数が減った」という情報と、「弁当、飲み物、タバコの組み合わせ購入が減った」という情報の2つが特徴的な要素として得られているとすれば、より抽象度が低い（より具体的な）、「弁当、飲み物、タバコの組み合わせ購入が減った」という情報を選択するということになります。

今回の事例では、さまざまな軸で数値を見た結果、「特徴的な要素」として、次の要素がピックアップされたこととします。

○既存顧客の客数が減少している

・深夜帯の客数が目立って減少している
・平日の客数が特に落ちている

○既存顧客の客単価が減少している

・高単価の弁当の売上が落ちている
・弁当、飲み物、タバコの組み合わせ購入が落ちている

【ステップ④】水平方向の共通因子の特定

次に行なうのは「水平方向の共通因子の特定」となります。

たとえば、下の図4－7を見て、これらの生物に共通する因子「モノ・コト」を答えてみてください。

答えは……そうです「水の中に住んでいる」です。簡単でしたね！

ここにいるのは、魚類であり、哺乳類であり、両生類です。普通に考えれば、まったくバラバラの生物ではあるわけですが、そんな中でも「共通する要素＝因子」は意外に見つかるものです。

図 4-7

このように一見バラバラに見える「事柄」の間に共通する因子、別の言い方をすれば「共通項」を見つけ出すのが「水平方向の共通因子の特定」となります。

今回の質問に答える際に、皆さんの頭の中では「それって、つまり何なの?」「一言でいうと何なのか?」といった言葉が発せられていたと思います。そうです。**共通因子を見つけるコツは「一言でいうと何なのか?」を考えるということです。**

これをやや専門的にいうと「抽象度を上げる」という言葉を使います。「抽象度を上げる」とは平たく言うと**「さらに大きな視点や枠組みで捉え直す」**ということであり、先ほどの例で言うと、魚類や哺乳類といった生物の種別を、より大きな枠組みである「住んでいる環境」と言う視点で捉え直したわけです。つまり、抽象度を上げたことになります。

この共通する因子を、得られる限りの情報をもとに特定していくことで、真因を特定して行きます。そして、得られる情報についてはできるだけ抽象度を下げることで、新たな枠組みで捉えることが可能となります。そのために、事前の「垂直方向の因数分解」を行なっています。単に「売上が下がった」という抽象度の高い情報では、新たな枠組みで捉え直すことが難しいためです。

さて、では実際に、ここまで得られている情報から、水平方向の共通因子を見つけ、売上減少要因の「真因」を見つけてみましょう。ぜひ皆さんも、真因を言葉に出して答えてみてください（次ページ図4－8）。皆さんはどんな真因に辿りついたでしょうか？

ここで出てくる真因は、あくまでもまだ「仮説」です。正しいかどうかが重要ではなく、ここまで得た情報を矛盾なく説明でき、その「真因を解決」した場合、観測されているすべての事象が解決できそうか、その確からしさが重要です。もちろん、真因はまだ仮説の段階なので、しっかりと検証を行なう必要があります。

「真因仮説」の立証は、実際にその対策を考案し、実行してみるまでは正しいかどうかわかりません。とはいえ、リソースも時間も限られている中では、当てずっぽうにいろいろな対策を行なうことは難しく、だからこそまずは、できるだけ確からしいと思える「真因」の「遡及」に力を入れる必要があります。このプロセスを怠たると、その対策は往々にして「対症療法」となり、問題の根本解決につながらないという結果になります。

「真因遡及」はとても大変なプロセスです。垂直方向の要因分解はその課題が定量的であった場合には機械的に行なえるため比較的容易なのですが、最後の共通因子の特定には「洞察

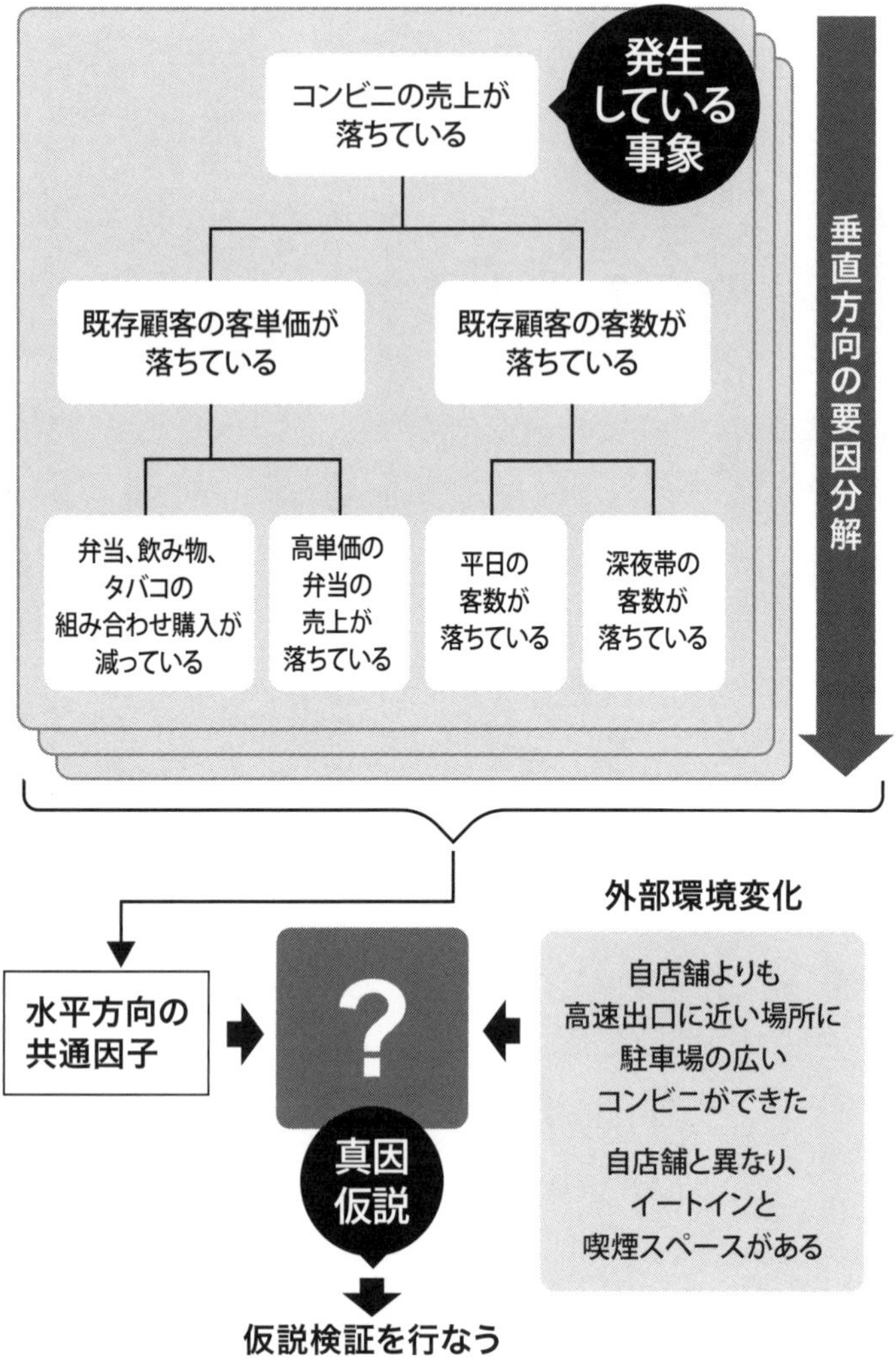

コンビニの売上が
落ちている
発生
している
事象
既存顧客の客単価が
落ちている
既存顧客の客数が
落ちている
弁当、飲み物、
タバコの
組み合わせ購入が
減っている
高単価の
弁当の
売上が
落ちている
平日の
客数が
落ちている
深夜帯の
客数が
落ちている
垂直方向の要因分解
水平方向の
共通因子
?
真因
仮説
外部環境変化
自店舗よりも
高速出口に近い場所に
駐車場の広い
コンビニができた
自店舗と異なり、
イートインと
喫煙スペースがある
仮説検証を行なう

図 4-8

力」が要求されます。これにはやや「慣れや経験」が必要となり、日々の訓練が要求されます。**ビジネスの世界で「頭の回転が速い（地頭が良い）」とされる人は、この「要因分解と抽象化（共通因子の特定）」を高速に行なえる人といえるかもしれません。**

要因分解を高速に行なえるようになるためのトレーニングは、日々の生活の中で簡単に行なうことができます。それは、**今いる空間や、見えているものを、さまざまな分類軸でMECEに分解するゲームを行なう**ことです。

たとえば、今あなたが「コンビニエンス・ストアの飲料コーナーの前」にいる姿を想像してください。さて、目の前にある「飲料」をMECEに分類するとして、いくつの分類軸を見つけることができるでしょうか？

まず「メーカー」で分類できますよね。そして「容器（カン、ペットボトル、瓶など）」でも分類できそうです。さあ、ほかにどんな分類軸があるでしょうか？　少なくとも、6つくらいの軸はすぐに見つかるはずです。

抽象化（共通因子を見つける）のトレーニングはもう少し難しいです。先ほどの要因分解とは逆のことを行ないます。**今いる空間に見えるもののうち、グルーピングできそうなものをピックアップし、「一言で言うと何なのか？」を答えてみてください。**

たとえば、今、会社のデスクに座っているとして、目の前にディスプレイや、パソコン、そしてさまざまなケーブル、ヘッドフォンなんかが目に入ってくるとします。これらを一言で言うとすれば「電気で動くモノ」といえそうです。

このように、何とかしてグループ化を行なう訓練を積むことで、やがて、非常に複雑な事象や、カオスなモノ・コトを「一言化」つまり、抽象化することが高速にできるようになっていきます。この能力は、製品やサービスの「コピー・タグライン」などを作成する際にも、とても重要な能力となってきますので、意識的にトレーニングを積むことをおすすめします。

では今回のケース「コンビニの売上減少」の真因に対する仮説を言語化してみましょう。私は次のような仮説を立てました。

〈コンビニの売上減少の真因〉
平日深夜の「お得意様」であった長距離トラックのドライバーが、弁当もイートインで食べられ、タバコも一服できる「より休憩しやすい」競合のコンビニエンス・ストアに徐々に奪われていったから。

皆さんの「真因仮説」はいかがだったでしょうか？

真因遡及は大変な作業ではありますが、対症療法の対策を繰り返していくよりも、「急がば回れ」で、結局は早く問題の解決に至ることが可能になります。

ここまで、マーケティングの落とし穴にハマらない、ベース・スキルとその鍛え方について、ほんの一部ではありますが、ご紹介させていただきました。普遍的テクニックについては、第1章以降で解説している「セオリーやフレームワークの本質」についてが、その解説となっています。

世の中には情報が溢れ、そしてマーケティングの世界では日々、新たなテクニックやフレームワークが生み出されています。そして、SEOやCRMなどの各マーケティング領域においては、それぞれの領域に特化した「スペシャル・スキル」も多数存在します。しかし、そのような中で、あらゆる領域の中で普遍的に要求され、磨き続けるべき最も重要なスキルは**「自分の頭で考え、本質を見抜く力」**だと私は考えています。

繰り返しになりますが、この能力は「トレーニング」を繰り返していかなければ、効率良く使いこなすことはできません。ぜひ、1つの考え方として、日々のお仕事に活かしていただければ大変うれしいです。

最後に……

マーケティングの落とし穴は、そこかしこに存在します。私も20年以上のマーケター人生の中で、「もう落ちたことのない穴はないのではないか」と思うほど、さまざまな穴にハマってきました。

落とし穴に落ちる理由はさまざまですが、本書では特に、本質を理解せずに安易にセオリーやフレームワークを用いることで陥ってしまう落とし穴とその回避方法と、落とし穴を自ら回避する能力を底上げするためのベース・スキルを中心に解説しました。

また長年、多くのマーケターや部下を見てきた中で、落とし穴に陥りやすい「共通の状態」があると感じています。それは、「謙虚さを失ってしまった状態」と「自己承認欲求に負けてしまった状態」です。どうもこの2つのいずれか、または両方の状態にあるときに、人は「マーケティングの落とし穴」に落ちるというか、ビジネス全般における判断を誤りやすいようです。

謙虚さを失った状態は、インテグリティの欠如につながり、また、「無知の知」やFACTFULNESS（ファクトフルネス）の重要性を忘れてしまい、不都合な事実や、自分と異なる考えを、フラットに情報の1つとしてインプットすることを阻害し、判断を誤らさせるようです。

自己承認欲求に負けてしまった状態では、頭では「何かおかしいな」とわかっていても、功を焦ってしまい、あえて事実の確認や仮説検証を十分に行なうことなく突っ走ってしまいます。また、他人の親切なアドバイスに対しても、何か自分が否定された気持ちになり、そのアドバイスを真摯に受け止めることなく誤った判断をしてしまうといった行動をとりがちです。

そして、これらの状態が「常態化」してしまった人は、知的謙虚さを失い、これまで自分が正しいと信じていたセオリーやフレームワークに対する理解を異なる側面から見ることに拒否反応を示し、「内容」よりも「誰が言ったか（自己承認欲求が否定されないレベルの、権威ある人の言葉かなど）」を重要視するようになり、成長を止めてしまいます。

「はじめに」でも書きましたが、この書籍は著者である私の約20年にわたる実務経験の中で得た気づきを書いています。アカデミックな理論に基づいたものでもなく、統計的な裏づけもありません。そして私自身は、さまざまなメディアで取り上げられるような権威ある有名マーケターでもありません。
ただ、インターネット黎明期から、デジタルマーケティングに携わり、長い間、現場で実務とマーケターの育成を行なってきました。

世の中に「正解」というものはありません。「このような考え方もあるのだな」くらいの気持ちで、本書の内容をご理解いただき、もし気が向いたら、書かれていることの一部でも、実践の中に取り入れてみていただければ、大変ありがたいことだと思っています。

今回は、ふだん講座で話している内容や。note（https://note.com/shinya_nakazawa/）で発信している内容の、ほんの一部しかご紹介することはできませんでした。また機会をいただけるようであれば、ほかの内容もご紹介できればと思います。

最後までお読みいただき。本当にありがとうございます。

2025年2月　Repro株式会社　取締役CBDO　中澤伸也

中澤伸也（なかざわ しんや）

1972年生まれ。

1996年に 家電量販店のソフマップに入社。接客現場、バイヤー業務を経て2000年にECサイト「ソフマップ.com」の立ち上げに従事。約10年間でデータマイニング、店舗開発、経営管理とさまざまな職種を経験。

GDO（ゴルフダイジェスト・オンライン）のマーケティング責任者、エクスペリアンジャパンの執行役員CMO、IDOM（旧ガリバーインターナショナル）のデジタルマーケティング責任者、DX推進を歴任。

2020年にRepro株式会社の取締役に就任し、新規事業の立ち上げ推進に従事。

マーケティングのエキスパートであるとともに、事業開発や企業のDX改革にも深い造詣と経験を持つ。直近ではマーケターの育成や教育にも精力的に活動しており、企業向けの社内研修や勉強会も行なっている。

25年以上のマーケティング現場の経験からWeb担当者Forumの連載「デジマはつらいよ」の原作執筆、IFIビジネス・スクールなどでの講師活動も多数。

X　@s_nakazawa

note　https://note.com/shinya_nakazawa

デジタルマーケティングの落とし穴

2025年4月21日　初版発行

著者　中澤伸也
発行者　太田 宏
発行所　フォレスト出版株式会社
〒162-0824　東京都新宿区揚場町2-18　白宝ビル7F
電話　03-5229-5750（営業）
03-5229-5757（編集）
URL　http://www.forestpub.co.jp
印刷・製本　中央精版印刷株式会社

ISBN978-4-86680-319-7　Printed in Japan

『デジタルマーケティングの落とし穴』
購入者特典

特典1「非エンジニア向けページスピードインサイト活用講座」
特典2「デジタルマーケティング実態調査レポート2024」

読者の方に無料

特別プレゼント

特別データ

著者・中澤伸也さんより

購入者特典として、デジタルマーケティングに対する理解を深めるのに役立つ資料「非エンジニア向けページスピードインサイト活用講座」「デジタルマーケティング実態調査レポート2024」（ともにPDFファイル）をご用意しました。ぜひお仕事にご活用ください。

特別プレゼントはこちらから無料ダウンロードできます ⬇

https://frstp.jp/ana

※特別プレゼントはWeb上で公開するものであり、小冊子・DVDなどをお送りするものではありません。

※上記無料プレゼントのご提供は予告なく終了となる場合がございます。あらかじめご了承ください。